Feng Shui

**PARA O SUCESSO, A SAÚDE
E A FELICIDADE**

Richard Webster

Feng Shui

PARA O SUCESSO, A SAÚDE E A FELICIDADE

Tradução
EUCLIDES L. CALLONI
CLEUSA M. WOSGRAU

EDITORA PENSAMENTO
São Paulo

Título do original:
Feng Shui for Success & Happiness

Copyright © 1999 Richard Webster.

Publicado originalmente por Llewellyn Publications, St. Paul, MN 55164-0383, USA.

Todos os direitos reservados. É expressamente proibida a reprodução ou utilização de qualquer parte deste livro, por quaisquer meios, eletrônicos ou mecânicos, inclusive fotocópias, gravação sonora ou qualquer tipo de sistema de armazenamento e recuperação de informações, sem a devida autorização.

O primeiro número à esquerda indica a edição, ou reedição, desta obra. A primeira dezena
à direita indica o ano em que esta edição, ou reedição, foi publicada

Edição

Ano

3-4-5-6-7-8-9-10-11-12-13-15

01-02-03-04-05-06-07-08

Direitos de tradução para a língua portuguesa
adquiridos com exclusividade pela
EDITORA PENSAMENTO-CULTRIX LTDA.
Rua Dr. Mário Vicente, 368 – 04270-000 – São Paulo, SP
Fone: 272-1399 – Fax: 272-4770
E-mail: pensamento@cultrix.com.br
http://www.pensamento-cultrix.com.br
que se reserva a propriedade literária desta tradução.

Impresso em nossas oficinas gráficas.

Dedicatória

Para Tai Lau (1903 — 1998)
O mestre que se recusava a chamar-se de mestre

Sumário

Apresentação 9

Introdução 11

Capítulo 1 — O Feng Shui e a Felicidade 15
O Ch'i • Yin e Yang • Os Cinco Elementos • Os Shars
• As Soluções • Princípios para uma Vida
Bem-Sucedida

Capítulo 2 — Feng Shui na Casa 35
A Porta de Entrada • A Sala de Estar • A Sala de Jantar
• O Quarto de Dormir • A Cozinha • O Lavabo • O
Banheiro

Capítulo 3 — As Nove Áreas 47
Abundância • Sucesso • Casamento • Família • Centro
da Sorte ou Espiritual • Filhos • Conhecimento
• Carreira • Mentores

Capítulo 4 — O Dinheiro 57
Chafarizes • Lagos de Peixes • Piscinas • Tanques para
Pássaros • Aquários • Objetos Redondos • Divirta-se
Ganhando Dinheiro

Capítulo 5 — A Saúde 67

Capítulo 6 — O Amor e os Relacionamentos 73

Capítulo 7 — A Espiritualidade 79

Capítulo 8 — As Soluções do Feng Shui 85
Soluções Externas • Soluções Internas

Capítulo 9 — Receitas para a Felicidade 97
Lao-Tsé • Confúcio

Capítulo 10 — Direções Favoráveis e Desfavoráveis 105
As Quatro Casas do Leste e as Quatro Casas do
Oeste • Direções Favoráveis • Direções Desfavoráveis
• A Porta de Entrada

Capítulo 11 — Juntando as Partes 121

Conclusão 137

Apêndice 141
Elementos e Signos para os Nascidos de 1900 a 2000

Notas 144

Glossário 146

Bibliografia 150

Apresentação

Todas as mudanças necessárias que você promover em sua casa transformarão literalmente sua vida, melhorando-a em todos os aspectos.

— Richard Webster

Em seu livro *The Importance of Living*, Lin Yutang (1895-1976) escreve que devemos organizar nossa vida de modo a alcançar a maior felicidade possível.

Você pode ter felicidade, e torná-la uma parte natural e duradoura de sua vida, com a antiga arte chinesa do feng shui — *Feng Shui para o Sucesso, a Saúde e a Felicidade* lhe mostra como fazer isso. As idéias básicas são muito simples e podem ser facilmente adaptadas à sua casa. Aprenda sobre os princípios para uma vida de sucesso: o ch'i, o ba-guá, os cinco elementos, as nove áreas e as direções favoráveis e desfavoráveis.

Felicidade e boa sorte significam coisas diferentes para cada pessoa. Aplicando técnicas comprovadas do feng shui em sua casa, você pode melhorar a saúde, atrair ou reacender o amor, fortalecer a espiritualidade e criar prosperidade para você e para sua família.

Organize sua vida em torno dos princípios do feng shui; quer você more num apartamento ou numa mansão, você descobrirá que sempre há espaço para o sucesso e para uma felicidade maior!

Introdução

Uma alegria espanta muitas tristezas.
— Provérbio chinês

Há muitos anos, um sábio me revelou o segredo da felicidade, um segredo incrivelmente simples e ao mesmo tempo extremamente profundo.

— Se você quer ser feliz — disse ele —, seja feliz!

Esse foi um conselho excelente, que procuro seguir desde então. Entretanto, nem sempre é fácil ser feliz quando seu ambiente conspira contra você. Tenho amigos que moraram perto de um grande aeroporto durante três anos. A casa deles era bonita e perfeita para suas necessidades, mas o barulho constante de aviões decolando e aterrissando os forçou a se mudar.

Outras pessoas que conheço moram na curva de uma rodovia. Durante toda a noite, a casa delas é varrida pelos faróis dos carros que passam por lá. Elas sofreram de insônia durante meses, até que construíram um muro para proteger-se dos raios de luz. Embora não soubessem na época, elas usaram uma solução comum no feng shui para resolver o problema.

Nossos amigos resolveram o problema mudando de casa, enquanto o outro casal conseguiu uma solução. Nenhuma das famílias, porém, teria ficado feliz permanecendo na condição em que se encontrava, e simplesmente tentando ser feliz.

Felizmente, há uma maneira de você viver em harmonia com seu ambiente. A antiga arte chinesa do feng shui, quando aplicada, pode harmonizá-lo com o ambiente e proporcionar-lhe uma vida de felicidade, contentamento e abundância. O termo "feng shui" significa "vento e água". Cinco mil anos atrás, os chineses descobriram que era muito mais agradável morar numa casa voltada para o sul, com colinas atrás para protegê-la dos ventos frios do norte e com um regato na frente. Desde então, a arte e ciência do feng shui evoluiu através de um processo de experimentação e atualmente está se difundindo em todo o mundo e se tornando cada vez mais popular.

Os chineses sempre se interessaram por símbolos que representam a boa fortuna. Para eles, a boa fortuna não se limita a uma ocorrência casual do destino, como ganhar na loteria. Ela também inclui...

... uma vida longa e saudável

... muitos filhos do sexo masculino para continuar a linhagem familiar

... uma boa reputação

... prosperidade material

... um casamento feliz

... bons amigos

... uma profissão bem-sucedida

... honra e respeito de outras pessoas

Naturalmente, vivendo no mundo ocidental, é possível que você não aceite todos esses aspectos como indicadores da boa sorte. Sem dúvida, muitas pessoas preferem viver sozinhas, e outras tantas não gostam nem de pensar em ter filhos. Você pode ser perfeitamente feliz sem um companheiro, sem filhos ou até mesmo sem sexo. Tudo depende do que você quer. Felicidade e sorte significam coisas diferentes para cada pessoa.

Na verdade, é praticamente impossível definir felicidade. Joseph Spence escreveu: "A felicidade da vida é uma coisa tão bela, que, como a planta sensível, ela se recolhe só de se pensar nela."[1] Fico extremamente feliz deitado na cama com um bom livro. Meu cunhado fica feliz quando faz trabalhos de manutenção da casa. Eu não gosto de pintar nem de fazer reparos na casa, e duvido que ele sentisse prazer lendo um livro na cama. E no entanto ambos ficamos igualmente felizes fazendo algo de que gostamos.

Em seu livro *The Importance of Living*, Lin Yutang (1895-1976) argumenta que o objetivo da vida é desfrutá-la.[2] Mais do que achar um propósito, diz ele, devemos organizar nossa vida de modo a alcançar a maior felicidade possível.

Normalmente, encontramos a felicidade nas pequenas coisas. Uma vista agradável, uma manhã preguiçosa na cama, um piquenique ou uma garrafa de vinho compartilhada com um amigo podem muitas vezes trazer mais felicidade do que receber um aumento salarial polpudo ou um prêmio. Naturalmente, quando estamos felizes, não paramos para analisar o sentimento; simplesmente o *usufruímos*.

Chin Shengt'an, um conhecido crítico chinês do século XVII, surpreendido certa vez pelo mau tempo, foi obrigado a permanecer num templo durante dez dias. Enquanto esteve lá, ele elaborou uma lista de 33 momentos felizes, todos oriundos de incidentes sem importância. Entre esses momentos incluíam-se cortar uma melancia madura numa tarde de verão, abrir uma janela para deixar uma vespa sair e dar-se conta subitamente de que uma neve suave estava caindo.

Pouco antes de sua morte, Lord Byron disse a um amigo que, em toda a sua vida, ele fora feliz durante três horas apenas.[3] Um temperamento melancólico pode ser útil a um poeta que expressa suas emoções no papel, mas ter apenas três horas de felicidade durante uma vida inteira é trágico.

Prefiro a visão de Chin Shengt'an à de Lord Byron. Certamente, a atitude de Chin com relação a encontrar prazer nas pequenas coisas é uma receita excelente para a felicidade.

Neste livro, você aprenderá a ativar diferentes áreas de sua casa, seja ela um apartamento de um quarto ou uma mansão espaçosa, para melhorar seu ambiente e para ter mais felicidade, alegria e abundância.

Capítulo 1

O Feng Shui e a Felicidade

O sentido da existência é a maior felicidade possível.[1]
— Benjamin Disraeli

Exatamente como em outras partes do mundo, a vida na China há cinco mil anos era difícil. A maioria das pessoas vivia perto de rios e mares e se alimentava de peixe e arroz. As pessoas trabalhavam muito, mas em geral eram felizes. Confúcio (551 a.C. − 479 a.C.), o famoso filósofo chinês, deu-nos um conselho profundo quando disse: "Tendo apenas arroz para comer, água para beber e meu braço dobrado por travesseiro, sou feliz."[2] Confúcio está de fato dizendo que a felicidade total provém de uma vida interior rica, mais do que de posses materiais.

Certamente, na época de Confúcio, os servos sofriam constantemente de falta de comida, e o ideograma chinês para felicidade (*fu*) deriva da idéia de um estômago satisfeito. As pessoas que não passavam fome tinham mais probabilidade de ser felizes do que os camponeses pobres que estavam sempre implorando por comida.

Famintas ou não, as pessoas dessa época perceberam que ambientes diferentes tinham influência direta sobre a felicidade, a alegria e mesmo a sorte. Posteriormente, esses fatores ficariam conhecidos como feng shui, a arte de viver em harmonia com a terra.

Ninguém sabe exatamente como ou quando o feng shui começou. Segundo a lenda, ele teve início quando uma enorme tartaruga saiu do Rio Amarelo, cerca de cinco mil anos atrás, e foi vista por Fu Hsi e seus homens que irrigavam a terra nesse lugar (Figura 1A). Naquela época, os chineses acreditavam que os deuses viviam no interior das carapaças das tartarugas e dos cágados. Assim, Fu e seus homens consideraram o aparecimento súbito da tartaruga um bom presságio. Entretanto, quando a observaram mais de perto, descobriram que as marcas em sua carapaça formavam um quadrado mágico perfeito.

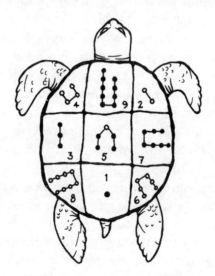

Figura 1A: Tartaruga com o quadrado mágico

Cada fileira horizontal, vertical e diagonal totalizava o número quinze. Diante de mistério tão extraordinário, Fu

4	9	2
3	5	7
8	1	6

convocou um grupo de sábios, os quais estudaram o fenômeno durante muito tempo. Terminados os estudos, esses sábios haviam lançado os fundamentos não somente do feng shui, mas também do I Ching, da astrologia chinesa e da numerologia chinesa.[3]

Em parte devido a essa descoberta, Fu tornou-se o primeiro imperador na pré-história chinesa. Como isso aconteceu há muito tempo, ninguém sabe se a história é verdadeira ou não. Na verdade, nem se sabe com certeza se Fu existiu de fato. Entretanto, a história é fascinante e demonstra como o feng shui é antigo.

O feng shui baseia-se em inúmeros princípios simples, que serão por nós estudados antes de você aplicá-los em seu ambiente.

O Ch'i

Ch'i é a força vital universal que está em todas as coisas vivas. Essa energia é criada onde quer que exista beleza ou sempre que alguma coisa é feita com perfeição. Assim, tanto um belo jardim como um atleta correndo 1.500 metros em menos de quatro minutos estão criando ch'i.

O lugar perfeito para morar é onde há abundância de ch'i. Por isso, o ideal seria morar no local preferido dos chineses antigos — com colinas atrás da casa e um regato de águas mansas na frente. As colinas na parte posterior protegem a casa contra os ventos rigorosos do norte, que dispersariam o ch'i.* As águas tranqüilas na frente criam ch'i em abundância, o que beneficia a família. Uma torrente turbulenta, por outro lado, levaria todo o ch'i embora. Feng shui significa "vento e água", mas queremos brisas suaves e águas serenas para criar muito ch'i e bom feng shui.

Yin e Yang

Os antigos chineses também acreditavam que o universo estava em constante movimento e que tudo podia ser descrito em termos de yin ou yang. O antigo símbolo taoísta do universo mostra isso claramente. Esse símbolo é um círculo que contém duas configurações semelhantes a girinos (ver Figura 1B). Uma é preta, com um ponto branco, representando yin; a outra é branca, com um ponto preto, e representa yang.

O ponto preto dentro do branco, e vice-versa, mostra que um não pode existir sem o outro. Sem yin, não poderia haver yang, e sem yang, não haveria yin. Os antigos nunca tentaram definir yin e yang, mas gostavam de elaborar listas de pares opostos que os representassem, como por exemplo "noite e dia". Se não houvesse noite, não haveria dia. Assim também "frente e verso". Obviamente, se não houvesse frente, não poderia haver verso. Alguns outros exemplos:

---

* No hemisfério Norte, os ventos gélidos vêm do norte. No hemisfério Sul, isso naturalmente se inverte, portanto, a casa ideal seria aquela voltada para o norte.

Figura 1B: O símbolo do yin e yang

Branco e preto
Grande e pequeno
Úmido e seco
Quente e frio
Macho e fêmea
Alto e baixo
Céu e terra

As palavras "yin" e "yang" significam os lados opostos de uma colina. Yin denota as encostas sombreadas do norte, enquanto yang representa o lado ensolarado do sul.

Todas as áreas elevadas, como as colinas e as montanhas, são descritas como yang; as áreas planas são yin. Os pagodes foram inventados para criar energia yang em lugares muito planos, ou excessivamente yin.

Queremos criar na nossa vida um equilíbrio entre yin e yang. O lugar ideal para um chinês viver continha tanto yang (as colinas na parte de trás) como yin (a terra plana e o fluxo de águas na frente).

Yin e yang não ficam parados e pacíficos um ao lado do outro. Cada um luta constantemente para subjugar o outro. Assim, na primavera, yang aumenta, enquanto yin diminui. No verão, yang atinge seu poder máximo, mas declina novamente no outono, e no inverno yin é muito mais forte que yang. Esse ciclo continua incessantemente de ano para ano.

Os Cinco Elementos

Há cinco elementos no feng shui e, simbolicamente, tudo no universo se compõe desses elementos. No seu horóscopo chinês, você é um misto da maioria ou de todos os cinco

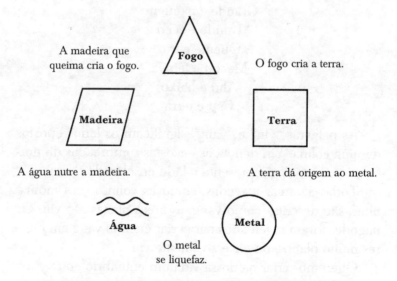

Figura 1C: O Ciclo da Criação dos Cinco Elementos

elementos. No feng shui, o elemento pessoal mais importante deriva de seu ano de nascimento. Veja qual é o seu elemento pessoal no Apêndice (ver página 141).

Os cinco elementos são madeira, fogo, terra, metal e água; eles podem ser arranjados de diversos modos.

No Ciclo da Criação (Figura 1C), cada elemento ajuda e favorece o elemento que está antes e o que está depois dele. Assim, a madeira queima, criando o fogo. O fogo produz cinzas, que criam a terra. Da terra deriva o metal. O metal se liquefaz simbolicamente, criando a água. A água nutre e produz a madeira.

O Ciclo da Destruição é exatamente o oposto (Figura 1D). O fogo derrete o metal. O metal corta a madeira. A madeira se nutre da terra. A terra represa e obstrui a água. A água apaga o fogo.

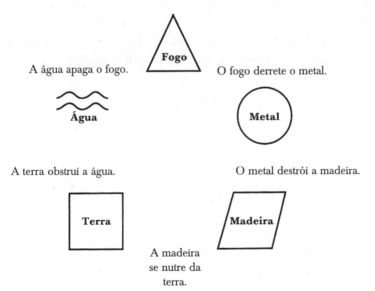

Figura 1D: O Ciclo da Destruição dos Cinco Elementos

Madeira

A madeira é um elemento criativo, comunicativo, empático. Se tiver muita madeira em sua constituição, você terá esses atributos e o potencial para se expressar criativamente de alguma maneira. A madeira pode também ser representada pela cor verde. Em casa, a madeira pode ser representada por vasos de plantas e flores frescas.

Fogo

O fogo é um elemento entusiasta, ativo, com qualidades de liderança. Entretanto, embora o fogo possa nutrir e aquecer, ele pode também queimar e destruir. Assim, ele precisa ser tratado com cuidado. Na casa, ele é representado pelo fogo propriamente dito ou por velas. Como isso nem sempre é conveniente, pode-se representá-lo por qualquer coisa de cor vermelha.

Terra

A terra é estável, confiável, paciente e metódica, mas também pode ser obstinada e exigente. Ela se relaciona com propriedades, heranças e com resultados obtidos através da paciência e do trabalho árduo. Pode-se representar a terra pela cor amarela. No lar, tudo o que for feito de barro ou de cerâmica pode representar o elemento terra.

Metal

O metal está relacionado com negócios, dinheiro e sucesso. Embora geralmente signifique sucesso material, o metal pode também ser transformado numa espada ou numa faca e se tornar destrutivo. Podemos representá-lo pelo branco, pelo dourado e por outras cores metálicas. No lar, tudo o que for metálico pode representar esse elemento. O ideal é que esse objeto seja bonito e feito de um metal precioso ou semiprecioso.

Água

A água tem relação com viagens, com o aprendizado e com a comunicação. A água pode ser benéfica, mas também destrutiva, como numa chuva leve ou numa tempestade. Na residência, um aquário ou uma fonte interna podem ser usados para representar o elemento água. Tudo o que for de cor preta ou azul também representa a água.

Nosso elemento pessoal deve estar presente no nosso ambiente, onde devemos ter também o elemento anterior ao nosso no Ciclo de Criação, pois ele ajuda a criar o nosso elemento pessoal.

É claro que podem surgir problemas quando várias pessoas moram na mesma casa. No passado, o elemento pessoal do homem da casa sempre tinha precedência. Atualmente, prevalece o elemento da pessoa que mais contribui para o sustento da casa.

Na prática, o elemento do chefe da família é usado nas peças principais, e os elementos dos outros membros da família são usados nos espaços que eles mais utilizam.

O ideal é que seu companheiro pertença a um elemento compatível com o seu no Ciclo da Criação. Se os dois elementos estão próximos no Ciclo da Destruição, você precisará usar um elemento neutralizador para eliminar as possíveis dificuldades.

Para isso usamos o Ciclo da Redução. Nesse Ciclo, os elementos estão na mesma ordem do Ciclo da Criação, mas são lidos no sentido anti-horário. Como conseqüência, a madeira se nutre da água. A água corrói o metal. O metal surge da terra. A terra apaga o fogo. O fogo queima a madeira.

Digamos, por exemplo, que você pertença ao elemento metal e que seu parceiro seja do elemento madeira. Esses dois elementos estão próximos no Ciclo da Destruição, o que pode trazer dificuldades. Podemos neutralizar os efeitos danosos dessa posição incluindo itens do elemento água no ambiente, pois a água está entre o metal e a madeira, no Ciclo da Redução. Um aquário ou uma pequena fonte são a solução ideal para esse caso.

Outro exemplo. Você pertence ao elemento fogo e seu companheiro ao elemento água. Uma boa solução seria colocar alguma coisa do elemento madeira na residência, pois a madeira está entre o fogo e a água no Ciclo de Redução. Nesse caso, alguns vasos de plantas ou flores frescas seriam uma boa solução.

Assim fazendo, podemos resolver problemas potenciais antes de eles surgirem. É difícil ser feliz quando se está cercado de problemas. Felizmente, o feng shui lhe permite viver em harmonia com todos os seres vivos (incluindo os parceiros) e tem uma solução específica para quase todos os problemas.

Os Shars

Os shars, muito conhecidos como "setas envenenadas", são criados por linhas retas e ângulos agudos com potencial para má sorte e infortúnio. Não significa que algo ruim *acontecerá*. Significa apenas que o *potencial* para o desastre está presente.

Antigamente, os chineses acreditavam que os fantasmas só se deslocavam em linhas retas. É por isso que, com freqüência, vemos quadros com pontes em ziguezague cruzando lagos ornamentais. Isso é para impedir que os fantasmas passem pelas pontes.

Os shars podem ser criados de várias maneiras. Toda linha reta que aponta diretamente para sua casa é um shar. Se a sua casa, por exemplo, está situada no final de uma junção em T, você terá uma rua apontando diretamente para sua casa, criando um grande shar. Outros shars comuns são causados por linhas de energia e quinas de telhados de casas vizinhas.

Outros shars são criados por ângulos que, na verdade, criam uma seta que aponta para você. O canto de uma casa vizinha pode criar um shar se estiver formando ângulo com sua casa.

Todos os shars têm potencial para o perigo. Os piores shars são aqueles que se dirigem diretamente para a porta de entrada.

Felizmente, os shars deixam de existir se não são vistos. Por isso, podemos usar um muro, uma cerca ou uma sebe para eliminar o shar causado por uma rua que aponta diretamente para você (Figura 1E).

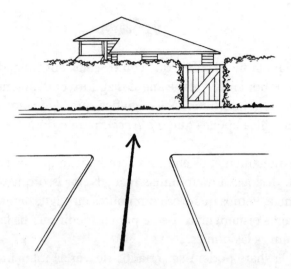

Figura 1E: Escondendo um shar

Às vezes não conseguimos esconder um shar desse modo. Felizmente, o feng shui tem uma solução para praticamente tudo. Um pequeno espelho, conhecido como espelho ba-guá, pode ser usado para refletir o shar para seu ponto de origem. Um espelho ba-guá é um peça de madeira octogonal, com um pequeno espelho redondo no centro. Ao redor do espelho estão colocados os oito trigramas do I Ching (Figura 1F).

Os espelhos são yin, ou passivos. Entretanto, quando os trigramas são colocados ao seu redor, eles se tornam yang, ou ativos. Esse espelho pode ser colocado acima da porta de entrada. Ele apanha simbolicamente o shar no espelho e o devolve para o lugar de onde ele vem.

Os espelhos ba-guá só devem ser usados na parte externa da casa. Eles podem ser de três tipos. Espelhos ba-guá que contêm um espelho plano refletem o shar para o lugar

Figura 1F: Espelho ba-guá com os trigramas

de onde ele vem. Os espelhos ba-guá com um espelho côncavo absorvem as energias prejudiciais. Os tipos de espelho ba-guá mais perigosos contêm espelhos convexos que refletem o shar para todas as direções. Estes, em particular, nunca devem ser usados sem antes consultar um praticante experiente de feng shui.

Você pode ter shars dentro de sua propriedade e até dentro de casa. Um caminho reto que vai da calçada até a porta de entrada é, na verdade, uma seta envenenada. Um corredor reto e comprido dentro de casa também é um shar (Figura 1G). Um cômodo em L tem um shar criado pelas duas paredes que formam um ângulo que aponta para o meio da peça.

Vigas expostas no teto também criam shars. Embora possam parecer atraentes, na verdade elas são shars aéreos

Figura 1G: Corredor comprido e reto criando um shar

que podem ser opressivos para quem fique muito tempo debaixo delas. Cuide para que não haja cadeiras ou sofás exatamente embaixo das vigas. Examine também seu ambiente de trabalho. Você poderá sofrer de dores de cabeça se trabalhar diretamente sob uma viga durante muito tempo.

As Soluções

No feng shui, há uma solução para praticamente qualquer problema. (As duas exceções são cursos de água debaixo da casa e correntes elétricas de alta voltagem em cima da casa.)

Luzes brilhantes são especialmente benéficas — elas deixam a casa mais quente e acolhedora, e atraem o ch'i. Use-as para dirigir o ch'i para a parte da casa que você quiser.

É importante que a entrada principal da casa seja bem iluminada, pois é por ela que entra a maior parte do ch'i. Se seus convidados acharem difícil localizar a porta de entrada principal, o mesmo acontecerá com o ch'i.

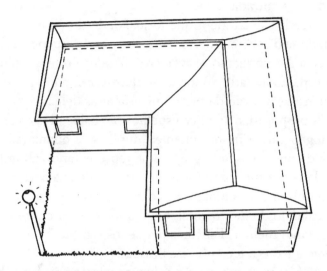

Figura 1H: Lâmpada usada para compensar o formato em L

Podemos também usar a iluminação para equilibrar espaços de formato irregular. Em Taiwan, luzes externas são usadas simbolicamente para compensar uma casa construída em L (Figura 1H).

Toda luz é benéfica, mas os lustres são particularmente úteis porque refletem o ch'i em todas as direções. Em escala menor, os cristais servem para o mesmo objetivo e são soluções úteis.

Espelhos também são soluções eficazes. Eles podem refletir paisagens externas agradáveis, fazer com que espaços pequenos pareçam maiores, e refletem a luz para áreas escuras ou sombrias. No feng shui, é importante ter a visão da porta do quarto estando deitado, sem que seja preciso voltar a cabeça mais do que noventa graus. Se, por alguma razão, isso não for possível, pode-se usar um espelho para visualizar a porta de entrada.

Acredita-se também que a qualidade do alimento será afetada se o cozinheiro não conseguir ver a porta de entrada da cozinha enquanto estiver cozinhando. Pode-se colocar um espelho ao lado do fogão, se necessário, para que o cozinheiro veja o vão da porta que está atrás dele.

A propósito, na China, espelhos são colocados ao redor do fogão para, simbolicamente, "duplicar" a quantidade de comida que está sendo preparada, representando abundância. Pela mesma razão, usam-se espelhos na sala de jantar para dobrar a quantidade de comida sobre a mesa.

Falando de modo geral, quanto maiores forem os espelhos, tanto melhor. Espelhos pequenos "cortam" simbolicamente a cabeça e os pés das pessoas.

As plantas também são soluções eficazes no feng shui. Elas criam ch'i e simbolizam crescimento e vida. Naturalmente, elas precisam ser saudáveis. Plantas mortas ou que estão secando criam ch'i negativo, e devem ser substituídas o mais rápido possível. Plantas artificiais também são eficazes, mas devem ser espanadas e conservadas limpas. Flores secas não servem, porque lhes foi retirada toda a água.

As plantas também podem ser usadas para esconder ou eliminar os shars. O canto agudo de uma escrivaninha, por exemplo, pode ser disfarçado com um belo vaso de planta.

Externamente, é provável que as plantas sejam a solução mais eficaz. Pode-se plantar árvores atrás da casa para proteção simbólica dos moradores, e para proteção real contra ventos fortes e barulho. Com elas, podemos também eliminar shars externos à propriedade. As árvores perenes são as melhores para essa finalidade. As árvores também podem se transformar em shars: se forem plantadas muito perto da casa, elas podem impedir a entrada da luz do sol; durante o inverno, os galhos das árvores que perdem as folhas podem tornar-se shars.

Harpas eólias (também chamadas mensageiros dos ventos ou sinos tibetanos) e móbiles são soluções fascinantes no feng shui. O movimento e o som revitalizam áreas que precisam ser ativadas. É possível conseguir harpas eólias relacionadas com o seu elemento pessoal, pois elas estão disponíveis numa ampla variedade de materiais. Como alternativa, você pode usar harpas eólias de metal pintadas na cor adequada para representar seu elemento pessoal. Os sons agradáveis produzidos por esses objetos lembram-lhe que o ch'i está circulando.

É importante que as harpas sejam feitas com cilindros ocos, para que o ch'i circule em seu interior. Outros objetos ocos, como flautas, também podem ser usados como solução no feng shui. As flautas são uma solução bastante comum para vigas expostas (ver página 28 para maiores informações sobre soluções do feng shui).

Animais vivos também criam e estimulam o ch'i. No Oriente, é raro encontrar uma casa que não tenha um pequeno pássaro ou um aquário. A água simboliza dinheiro e o peixe representa o progresso futuro. Juntos, eles criam uma afirmação silenciosa, que simboliza a prosperidade. Teoricamente, o tanque de peixes deve ter dimensões suficientes para conter nove peixes: oito peixes dourados e um preto.

Água em movimento também protege e atrai ch'i benéfico. Pequenas fontes para interiores estão se tornando cada vez mais populares, permitindo que o ch'i bom que elas fornecem seja produzido interna e externamente.

Chafarizes e lagos externos quase sempre criam bom feng shui. Naturalmente, a água deve ser limpa e fresca. Água estagnada e malcheirosa cria ch'i negativo.

Piscinas em forma de feijão também oferecem proteção, pois dão a impressão de envolver a casa.

Objetos grandes ou pesados podem ser usados como solução no feng shui. Esse é especialmente o caso quando o ambiente é muito yin (muito plano). Eles também podem ser usados para equilibrar um ambiente onde a maior parte da mobília está num só lado, criando desequilíbrio.

As cores são usadas freqüentemente como solução no feng shui. A melhor maneira de usar a cor como solução é observar os elementos individuais das pessoas envolvidas e usar as cores que se relacionam com os elementos dessas pessoas ou a cor do elemento que precede o elemento delas no Ciclo da Criação.

Princípios para uma Vida Bem-Sucedida

Os chineses têm um ditado que relaciona os cinco princípios básicos para uma vida de sucesso. Ele também demonstra claramente como o feng shui é importante na vida deles. "Primeiro vem o destino, seguido pela sorte. Em terceiro lugar, vem o feng shui, seguido pela filantropia e pela educação."

O destino é determinado pelo nosso horóscopo; ele revela claramente nossas forças, nossas fraquezas e nosso potencial. Não podemos evitar o destino. Algumas pessoas nascem de pais ricos, e são cercadas de todas as oportunidades possíveis. Entretanto, sem um horóscopo forte, elas não conseguirão nada. Outras pessoas nascem em circunstâncias muito mais modestas. Talvez seus pais não tenham condições de alimentá-las nem de dar-lhes educação. Mas se uma pessoa assim tiver um horóscopo forte, ela superará essas limitações e será bem-sucedida.

Em segundo lugar vem a sorte. Os chineses acreditam que podemos melhorar nossa sorte trabalhando sobre os outros quatro princípios. Isso também se relaciona com o pensamento positivo. Se esperamos que aconteçam coisas boas, é provável que elas realmente acontecerão. O mesmo se aplica se alimentamos a negatividade e o medo, pois atraímos o que pensamos.

Em terceiro lugar está o feng shui. Usando os princípios do feng shui, podemos viver em harmonia com o mundo e com tudo o que existe nele. Agindo assim, melhoramos automaticamente a qualidade de nossa vida.

Em seguida, temos a filantropia. Devemos dar sem esperar recompensa. Isso está relacionado com o karma. Se fazemos o bem ao próximo, mais cedo ou mais tarde receberemos uma recompensa sob a forma de coisas boas acontecendo para nós. Naturalmente, se prejudicamos outras pessoas, mais cedo ou mais tarde teremos que pagar pelo que fizemos.

Finalmente, temos a educação. Esse é um processo que deve durar a vida inteira, para que possamos manter-nos atualizados com o que acontece no mundo ao nosso redor.

De muitas maneiras, esses cinco princípios são também uma receita para a felicidade. Se realizarmos o máximo de nosso potencial, se mantivermos uma perspectiva otimista, se vivermos em harmonia com o mundo, se ajudarmos outras pessoas e se aprendermos continuamente, o resultado será a felicidade.

Há um outro ditado famoso na China: "A felicidade é um rio. Ele pode envolvê-lo em suas águas, mas você precisa continuar nadando." Essa mensagem diz que a persistência também é necessária. Nada que vale a pena acontece sem um trabalho árduo. Se usarmos nosso destino, nossa sorte, o feng shui, a filantropia e a educação, e a isso acrescentarmos a persistência, estaremos predestinados a ser bem-sucedidos, realizados e felizes.

Capítulo 2

Feng Shui na Casa

Nossa casa deve ser um lugar onde possamos ser totalmente nós mesmos. Nela, precisamos ter condições de relaxar e de esquecer todas as preocupações e problemas do mundo exterior. Assim, é provável que muitos de nossos momentos mais felizes sejam passados em nosso lar.

Usando o feng shui, podemos fazer pequenos ajustes nos vários espaços da casa para atrair mais sucesso e felicidade para nossa vida.

Depois de nos habituarmos à casa, fica difícil olhá-la com novos olhos. Entretanto, é um bom exercício fazer isso de vez em quando. Você se espantaria com a quantidade de coisas que um estranho poderia observar, mas que lhe passam despercebidas no dia-a-dia.

Comece a avaliação a uma distância de cinqüenta metros. Caminhe em direção à casa, observando se há algum shar evidente que você possa remediar. Observe a entrada do carro. Do ponto de vista do feng shui, ela deve ser curva, e não uma linha reta apontando diretamente para a casa. Canteiros de flores ladeando a entrada criam ch'i benéfico e atuam como cura parcial para uma entrada em linha reta (ver Figura 2A). A entrada do carro não deve ser mais larga perto da casa do que junto à rua, pois isso representa um empecilho para oportunidades financeiras.

A Porta de Entrada

Veja se seus convidados conseguem achar a porta de entrada com facilidade. Ela deve ser bem iluminada e passar a impressão de acolhimento. A maior parte do ch'i entra na casa pela porta da frente; por isso ela precisa ser atraente, bem iluminada e tão acolhedora quanto possível.

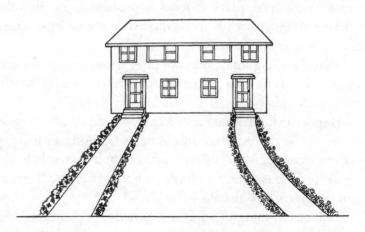

Figura 2A: Canteiros de flores como solução

A porta de entrada é proporcional ao resto da casa? Existe a crença de que uma porta de entrada muito larga cria problemas financeiros. As portas de entrada pequenas tendem a "asfixiar" os moradores, causando atrito, tensão e discussões.

Coloque-se diante da porta de entrada e olhe para fora para ver se há shars afetando-a. Os mais comuns são linhas de telhado de casas vizinhas, cercas, postes de energia elétrica ou edifícios muito altos. Sua porta de entrada é o fator mais importante no feng shui, e todo shar deve ser corrigido o mais rapidamente possível. Nesse contexto, árvores e muros são soluções muito eficazes para proteger-se dos shars.

Estando de pé na porta de entrada, você deve ter condições de ver parte do interior da casa. O saguão deve ser bem iluminado e parecer acolhedor. Entradas escuras e sombrias dificultam a passagem do ch'i, afetando assim o bem-estar de todos os moradores da casa. Luzes brilhantes e espelhos grandes são soluções eficazes para essa situação.

Espelhos grandes dão a impressão de aumentar um saguão exíguo, e biombos parecem reduzir as dimensões de um vestíbulo muito amplo.

A porta de entrada não deve abrir diretamente para uma escada, pois isso confunde o ch'i. Significa também que os membros da família provavelmente entram pela porta da frente e se dirigem diretamente para seus quartos, em vez de ficar algum tempo na companhia dos demais moradores. O remédio nesse caso é pendurar um cristal ou um candelabro no teto, entre a entrada e a escada. Isso levará o ch'i para cima e o distanciará da escada.

Do mesmo modo, a porta de entrada não deve ficar na mesma linha da porta dos fundos. Nesse caso, o ch'i que entra pela porta da frente cruzará imediatamente por essa passagem e sairá pela porta dos fundos. Se for possível, use um biombo para esconder a porta dos fundos. Uma solução alternativa é pendurar um cristal no teto, a meio caminho entre as portas de entrada e a dos fundos.

O banheiro não deve ser visível da porta de entrada, pois ele cria ch'i negativo. A solução é manter a porta do banheiro fechada.

Se seus convidados puderem ver a cozinha desde a porta de entrada, eles pensarão imediatamente em comida, irão embora logo depois da refeição. Nesse caso, se possível, a solução é ocultar a visão da cozinha de alguma forma, como por exemplo com um biombo. Não sendo possível, pode-se pendurar um cristal no teto, entre a porta de entrada e a cozinha. O ch'i será estimulado a tomar a direção do cristal, e não a da cozinha.

A Sala de Estar

A sala de estar deve ser um espaço confortável onde as pessoas possam relaxar e passar momentos agradáveis. Ela deve refletir a personalidade das pessoas que moram na casa. Por isso, livros, fotografias, certificados e tudo o mais que reflete os interesses dos moradores devem estar à vista.

Teoricamente, a sala de estar deve ser quadrada ou retangular e receber luz do sol através das janelas. Se ela for longa e estreita, colocam-se espelhos ao longo das paredes mais compridas para fazer com que o cômodo pareça mais equilibrado.

A sala de estar deve parecer espaçosa. Evite abarrotar uma sala de estar pequena com muitos móveis (Figura 2B). O espaço se relaciona com a abundância. Assim, uma peça cheia de móveis e enfeites pode prejudicar as condições financeiras dos residentes.

A mobília deve refletir a personalidade dos moradores e ser proporcional ao tamanho do cômodo. O feng shui dá

Figura 2B: Sala de estar abarrotada

preferência a cantos arredondados, porque ângulos retos emitem pequenos shars. Mesas redondas, tapetes, lâmpadas e tudo que seja oval ou circular são considerados benéficos, porque formas arredondadas simbolizam dinheiro.

Vigas expostas em qualquer lugar da casa são ruins, do ponto de vista do feng shui, especialmente na sala de estar e nos quartos. Vigas expostas afetam o fluxo regular do ch'i, e as pessoas que sentam diretamente debaixo delas sentirão gradualmente um peso opressivo nos ombros. Esses fatores afetam adversamente a felicidade da família.

A solução mais comum para vigas expostas é pendurar duas pequenas flautas de bambu no centro de cada viga. Alternativamente, pode-se anexar à viga um objeto atraente. Um remédio mais eficaz é rebaixar o teto para esconder as vigas, o que, obviamente, nem sempre é praticável.

A Sala de Jantar

O aspecto mais importante da sala de jantar é a mesa. É importante que os convidados possam ocupar e desocupar as cadeiras sem se sentir oprimidos por paredes ou outros móveis. Isso é para dar a sensação de espaço amplo, o qual se relaciona com a abundância. É importante que esse cômodo transmita essa sensação de abundância; por isso, para duplicar simbolicamente a quantidade de comida sobre a mesa, costuma-se colocar alguns espelhos na sala. Os espelhos também parecem aumentar as dimensões de uma sala de jantar pequena.

No Oriente, a sala de jantar muitas vezes faz parte da sala de estar. Isso é bom, porque cômodos mais amplos criam a sensação de amplidão. A sala de jantar também se relaciona com o dinheiro; por isso, para a prosperidade financeira, é melhor uma sala de jantar ampla.

A sala de jantar deve ficar perto da cozinha, mas a uma distância razoável da porta de entrada. Se ela estiver perto da porta de entrada, e especialmente se esta estiver visível, os convidados farão a refeição e sairão logo em seguida.

Mesas redondas e ovais são favoráveis porque permitem que as pessoas conversem facilmente umas com as outras. Mesas quadradas e retangulares devem ter os cantos levemente arredondados para eliminar possíveis shars.

O Quarto de Dormir

Um bom feng shui no quarto de dormir é muito importante para a paz de espírito e para a felicidade. Como passamos pelo menos um terço da vida na cama, é provável que passemos mais tempo nesse cômodo do que em qualquer outra parte da casa.

O quarto de dormir deve ser razoavelmente retirado e distante da porta de entrada. Isso significa que estaremos bastante distanciados do barulho da rua, e nos sentiremos simbolicamente mais seguros.

A localização da cama é um dos fatores mais importantes do feng shui. (Os outros fatores vitais são as posições da porta de entrada e do fogão.) A cama deve ser colocada numa posição tal que a pessoa deitada possa facilmente ver quem entra no quarto. Normalmente, a melhor posição para a cama é perto do canto diagonalmente oposto à porta.

Se a porta estiver atrás da cama, instala-se um espelho para que a pessoa deitada possa ver quem entra. Entretanto, deve-se ter muito cuidado com espelhos no quarto de dormir. Por exemplo, eles não devem estar voltados para a cama, pois acredita-se que nessa posição eles tensionam e pressionam o relacionamento. Espelhos no teto funcionam bem para romances ardentes e de curta duração, mas também criam tensão nos relacionamentos prolongados.

Os pés da cama não devem ficar de frente para a porta do quarto. No feng shui, essa localização é conhecida como "posição do caixão". Segundo a astrologia chinesa, as pessoas deviam ser enterradas num dia auspicioso determinado por seu horóscopo. Como isso podia demorar até um mês depois da morte, os caixões eram alinhados no pátio dos templos esperando o dia certo para serem enterrados.

A cama não deve ficar sob vigas expostas. A pessoa que dorme debaixo de uma viga corre o risco de ter problemas de saúde na região do corpo que fica diretamente debaixo da viga. Por exemplo, se a viga está sobre o peito, a pessoa poderá ter problemas respiratórios ou dores no peito. Se não houver alternativa, é melhor colocar a cama no mesmo sentido das vigas, e não na direção oposta a elas. Entretanto, como se acredita que vigas que correm paralelas à cama criam problemas conjugais, é melhor rebaixar o teto para esconder as vigas ou colocar a cama numa posição que evite a influência direta das mesmas.

Para dar segurança, a cama deve ficar encostada na parede (Figura 2C). É melhor que a cabeceira fique em contato com a parede, mas não há nenhum problema se o contato se der com a lateral. Entretanto, uma cama de casal com a lateral na parede significa que a pessoa que a ocupa prefere dormir sozinha e não deseja companhia. Se você quiser encontrar um parceiro, providencie para que a cabeceira, e não a lateral da cama, fique encostada na parede.

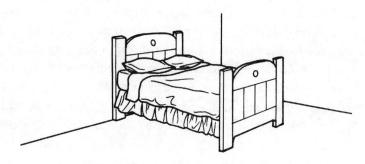

Figura 2C: Posição da cama

A cama também deve estar numa posição em que seus ocupantes tenham uma vista agradável ao acordar de manhã. Uma janela é perfeita, mas você precisa ter cuidado para que a luz do sol não incida diretamente sobre a cama, pois acredita-se que, nesse caso, a cama fica excessivamente ativada, dificultando o sono à noite. Certifique-se de que as janelas não sejam afetadas por shars externos. Se isso acontecer, use cortinas pesadas.

O esquema de cores do quarto deve harmonizar-se com as cores que se relacionam com o elemento pessoal dos ocupantes. Nos quartos das crianças, a cor adequada é aquela que se relaciona com o elemento que precede o elemento pessoal delas no Ciclo da Criação (ver página 20).

A Cozinha

Da perspectiva do feng shui, a cozinha sempre foi considerada a parte mais importante da casa, pois é nela que está o fogão, considerado o símbolo da riqueza da família.

A cozinha deve ser bem iluminada e arejada para encorajar o ch'i benéfico. Acredita-se que esse ch'i penetra na comida recém-cozida, beneficiando toda a família. Naturalmente, a qualidade e a quantidade dos alimentos também são importantes porque se relacionam diretamente com a prosperidade da família. É uma questão de orgulho ter sempre um bom estoque de alimento na geladeira e no guarda-comida ou na despensa.

É importante que a pessoa que trabalha no fogão possa ver quem entra sem precisar virar-se, pois acredita-se que a qualidade da comida é afetada se o cozinheiro levar um susto. Se necessário, uma boa solução é colocar um espelho para que o cozinheiro tenha condições de ver quem entra (Figura 2D).

Na verdade, é comum verem-se espelhos ao redor dos fogões nos restaurantes chineses, pois eles duplicam simbolicamente a quantidade de comida que sai do forno, o que possibilita lucros maiores.

Figura 2D: Espelho acima do fogão

Como o fogão é a sede da riqueza da família, ele deve ser conservado limpo e em perfeitas condições. Qualquer problema com o fogão cria ch'i negativo e pode afetar a situação financeira da família.

Como a água simboliza dinheiro, é importante que todos os canos e ralos fiquem escondidos, porque é mau feng shui ver a riqueza escoando pelo ralo. Naturalmente, toda torneira com vazamento na cozinha, como em qualquer outra peça, deve ser consertada o mais rápido possível para impedir a vazão gradual de sua riqueza.

A cozinha não deve ser visível da porta principal. Se isso acontecer, seus convidados pensarão em comida assim que entrarem em sua casa.

O Lavabo

O lavabo deve ser o mais discreto possível. No próximo capítulo, estudaremos as várias áreas da casa. Um lavabo nunca deveria estar nas áreas da Abundância, do Sucesso e da Carreira. Se isso acontecer, suas perspectivas nessas áreas "entram pelo cano", literalmente.

Os lavabos deveriam localizar-se ao lado da casa, pois eles criam ch'i negativo; um lavabo situado no meio da casa envia esse ch'i negativo para todas as outras dependências.

O lavabo não deve ser visível da porta de entrada. O remédio para essa situação é manter a porta fechada e colocar um espelho do lado de fora da porta dessa peça para que ela, simbolicamente, deixe de existir.

O Banheiro

O lavabo e o banheiro são locais onde a água escoa. Assim, a posição deles deve ser estudada com cuidado. Eles também devem ser bem iluminados e ventilados, e estar sempre limpos. As cores devem ser delicadas para preservar a felicidade e o bem-estar do lar.

Os espelhos são essenciais nesse cômodo e devem ser de bom tamanho. Evite azulejos de espelho. Eles criam um "efeito de rede" que afeta adversamente o fluxo do dinheiro.

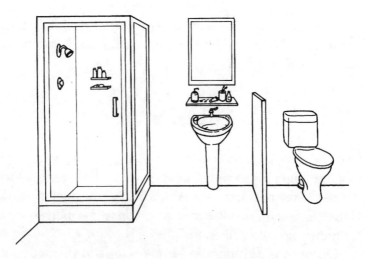

Figura 2E: Meia-parede ao lado do vaso sanitário

É melhor que o vaso sanitário fique separado do box e da pia. Os chineses são pessoas simples e gostam de privacidade quando usam o vaso sanitário. Se o box e o vaso sanitário forem conjugados em sua casa, instale uma meia-parede para proporcionar uma certa privacidade (Figura 2E).

No próximo capítulo, estudaremos as nove áreas de sua casa e como ativá-las para atrair felicidade, abundância e sucesso.

Capítulo 3

As Nove Áreas

A felicidade consiste em realizar nossos desejos e em termos somente desejos corretos.

— Santo Agostinho

O quadrado mágico que Fu Hsi descobriu nas marcas da carapaça de uma tartaruga ainda desempenha um papel importante no feng shui atual. Cada uma das nove áreas do quadrado mágico se relaciona com um aspecto diferente da nossa vida. Podemos melhorar a qualidade de cada uma dessas áreas ativando a parte de nossa casa identificada pelo ba-guá. Há soluções e remédios que podem ajudá-lo a alcançar maior sucesso e felicidade em cada uma delas.

Começamos sobrepondo um quadrado mágico de três-por-três à planta de sua casa. Não importa se ela é espaçosa ou não, ou se é uma casa ou um apartamento. Se a casa tiver dois pavimentos, o quadrado mágico deve ser sobreposto a ambos. Naturalmente, esse procedimento se torna mais fácil se sua casa tiver o formato quadrado. Se ela for retangular, o quadrado mágico também assume a forma retangular para se adaptar ao formato da casa.

Casas em forma de L e de T apresentam maiores dificuldades, porque quando o quadrado mágico é sobreposto à planta baixa, parte dele fica fora da área da casa. Felizmente, há uma solução feng shui também para isso.

Precisamos completar simbolicamente a casa, fazendo-a parecer quadrada ou alongada. Podemos fazer isso de várias maneiras. Por exemplo, com uma casa em forma de L, podemos completar a área que está simbolicamente faltando construindo um *deck*. Outra solução é um canteiro de flores no traçado-limite que a casa alcançaria se ela fosse de formato retangular. Uma árvore pode preencher com eficácia a área que falta. Em Taiwan, uma medida habitual é instalar uma lâmpada externa no jardim, no local que seria supostamente ocupado pela casa.

Não se preocupe se faltar simbolicamente em sua casa uma área importante. Além de usar as soluções tradicionais do feng shui, podemos também ativar a área que está faltan-

Abundância	Sucesso	Casamento
Família e Saúde	Centro da Sorte	Filhos
Conhecimento	Carreira	Mentores e Viagens

A entrada principal deve ficar sempre neste lado do quadrado.

Figura 3A: As Aspirações do Ba-guá

do em cômodos individuais. O mesmo quadrado mágico três-por-três pode ser sobreposto a cada cômodo da casa, alinhando-o com a entrada principal do mesmo.

Tendo sobreposto o quadrado mágico à planta baixa da casa, podemos então interpretá-lo. O lado da casa onde está localizada a porta de entrada assinala o limite externo das três áreas do quadrado mágico: Conhecimento, Carreira e Mentores. A área da Abundância fica no canto esquerdo mais distante com relação à porta da frente. A área do Casamento se localiza diagonalmente à direita. Entre elas está a área do Sucesso e no terço mediano da casa estão as áreas da Família, do Centro da Sorte e dos Filhos (ver Figura 3A).

Abundância

A riqueza tem pouca ou nenhuma relação com a felicidade pessoal, mas você deve ativar essa área se quiser mais abundância em sua vida. Um dinheiro extra pode lhe proporcionar a liberdade de fazer coisas que de outro modo você não faria. Para aumentar sua felicidade, você precisa ativar essa área da casa.

Você faz isso estimulando o ch'i para essa área, o que significa aumentar a iluminação para atraí-lo. O uso adequado da iluminação e de candelabros, cristais e espelhos pode cumprir esse objetivo. Você pode também usar objetos que simbolizam o dinheiro. Um aquário com oito peixes dourados e um peixe preto é uma afirmação silenciosa que lhe lembrará o que você quer. Um pequeno estojo de metal contendo algumas moedas tem o mesmo efeito. No Oriente, é comum encontrar esses estojos na área da Abundância das escrivaninhas (diagonalmente à esquerda do lugar ocupado pela pessoa). Às vezes colocam-se três moedas debaixo do suporte dos vasos de plantas.

Objetos metálicos e objetos redondos também simbolizam dinheiro e podem ser usados na área como ativadores do feng shui para atrair riqueza. Plantas de folhas arredondadas são particularmente favoráveis porque, à medida que a planta cresce, ela também simboliza um aumento da riqueza.

Sucesso

As pessoas em geral não querem tornar-se celebridades que sejam reconhecidas onde quer que vão. Entretanto, essa área também está relacionada com a nossa posição social e boa reputação na comunidade. Se quiser tornar-se mais conhecido ou mais respeitado em sua vizinhança, você precisa ativar essa parte da casa.

Você pode fazer isso aumentando a iluminação nessa área e expondo ali os troféus, prêmios e certificados que tiver conquistado. Um aquário, especialmente se for munido de um sistema de oxigenação, é particularmente favorável nessa posição. As bolhas de oxigênio simbolizam um aumento da sua reputação. Se quiser ficar famoso, você também precisa expor fotografias suas, de preferência em companhia de pessoas notáveis. Se quiser tornar-se o presidente do país, exponha fotografias de presidentes anteriores que você admira de modo especial. Se desejar tornar-se um ator de renome, coloque nessa área fotografias de atores e atrizes de sucesso.

Casamento

Embora se identifique essa área com o termo Casamento, na verdade ela se refere a todos os relacionamentos pessoais mais íntimos. A propósito, os chineses acreditam que a pessoa que dormir nessa área governará a casa. Se o quarto de um filho estiver nessa posição, adivinhe quem dirigirá a casa!

Você deve ativar essa área se o seu relacionamento estiver aquém de suas expectativas, ou se no momento você estiver só e gostaria de atrair alguém.

Para atrair o ch'i para essa área, aumente a iluminação. Se você quiser melhorar um relacionamento já existente, coloque aí objetos relacionados com elementos pessoais seus e de sua companheira. Se esses dois elementos estiverem próximos no Ciclo da Destruição, convém colocar nessa área algo que se relacione com o elemento que está entre eles no Ciclo da Criação.

Se quiser atrair alguém para sua vida, exponha alguma coisa que lhe lembre amor e romance. Por exemplo, o quadro de um casal caminhando de mãos dadas numa praia deserta. Seja o que for, cuide para que o objeto não lhe traga à memória relacionamentos anteriores. Não exiba fotografias ou representações de relacionamentos passados, pois elas impedirão simbolicamente o surgimento de novos relacionamentos.

Cores quentes, como o rosa e o vermelho, também ajudam a ativar essa parte da casa.

Se houver um quarto fora de uso na área do Casamento, conserve uma cama de casal nesse quarto e durma nela de vez em quando. Essa cama deve ter acesso por ambos os lados. Uma cama de solteiro emitiria simbolicamente a mensagem de que você não quer um companheiro, e uma cama de casal que nunca é usada transmite uma mensagem de vazio e solidão.

Família

Além de denotar nossa família imediata, a palavra família também inclui as pessoas às quais estamos ligados, como os bons amigos, por exemplo. Se tiver problemas com seus familiares ou se quiser atrair mais amigos para a sua vida, você precisa ativar essa área da casa. Para isso, aumente a iluminação, naturalmente, para aumentar o fluxo do ch'i para essa parte. Além disso, tenha nesse local vasos de plantas, fotografias de membros da família e objetos que lhe foram dados por parentes e amigos.

Essa área também se relaciona com a saúde. Se houver alguém com problemas de saúde na família, ative essa área usando alguma coisa do elemento que precede o elemento pessoal dessa pessoa no Ciclo da Criação.

Essa área é um bom local para um aquário e para quadros que representam rios, cursos de água, cachoeiras ou lagos.

Centro da Sorte ou Espiritual

Essa é uma parte importante da casa, uma vez que ela influencia todas as outras áreas. O ideal é que todos os membros da família usem a peça ou as peças localizadas nessa área. Assim, esse é o espaço ideal para a sala de jantar ou de estar.

Esse é o pior espaço para um banheiro ou para um lavabo, porque o ch'i negativo que eles criam afeta todas as outras partes da casa.

Filhos

Ative essa área se você tiver problemas com seus filhos ou se quiser ter filhos. Se você já tem filhos, coloque nesse local objetos relacionados com o elemento que precede o elemento deles no Ciclo da Criação. Esse é um bom lugar para colocar fotografias da família e objetos criados por familiares. Troféus e certificados obtidos na escola também podem ser expostos aqui.

Se você quer ter filhos, ative essa área aumentando a iluminação, expondo enfeites de bebês ou qualquer outra coisa que lhe lembre a vida em família.

Essa área também se relaciona com a criatividade, e deve ser ativada se você está fazendo algo criativo. Esse é um bom espaço da casa para expor as coisas que você — ou outros membros da família — fez ou projetou.

Conhecimento

A área do Conhecimento está relacionada com o aprendizado e, por isso, é um excelente local para tudo o que se refere à aprendizagem e à educação, como livros, fitas, computadores e uma escrivaninha. Essa área deve ser ativada para ajudar os membros da família a buscar educação e a crescer em conhecimento e sabedoria. No Oriente, a educação é uma meta a ser perseguida durante a vida toda, e essa área é quase invariavelmente ativada para concretizar essa idéia.

Carreira

Ativamos a área da Carreira para ajudar os membros da família a progredir em suas profissões. Para isso, aumente a iluminação, exponha objetos de metal e alguma coisa que se relacione com o elemento pessoal dos familiares que estão no mercado de trabalho. Esse é também um ponto excelente para tudo o que lhe lembre trabalho e carreira, como o telefone, o computador e o fax.

Mentores

Essa área deve ser ativada para atrair para nossa vida pessoas que podem ajudar-nos. Como reza um antigo ditado, quando o discípulo está pronto, o mestre aparece. Podemos acelerar esse processo ativando essa área da casa.

A área dos Mentores também se relaciona com as viagens. Se você quer viajar, convém colocar nesse local tudo o que lembre os lugares que você deseja visitar. Fotografias e artefatos são ideais.

Essas áreas não se restringem às paredes de sua casa, mas se estendem indefinidamente em todas as direções. Por isso, se você está buscando prosperidade, procure-a na direção indicada pelo espaço que está o mais afastado possível, diagonalmente, à esquerda da entrada principal de sua casa.

Do mesmo modo, se você deseja progredir na carreira, a direção a seguir é a que está à frente de sua porta principal.

Na prática, é improvável que você ative todas as nove áreas ao mesmo tempo. Comece estimulando a área que lhe for mais importante no momento. Você observará uma melhora nessa área dentro de poucos dias. Espere umas três semanas antes de ativar outras áreas. Assim, você perceberá que os benefícios continuam a aumentar e a enriquecer sua vida. Promova então outra mudança e observe o que acontece durante algumas semanas, antes de proceder a novas alterações.

Capítulo 4

O Dinheiro

É bom ter dinheiro e as coisas que o dinheiro pode comprar, mas é bom também, de vez em quando, verificar se não estamos perdendo as coisas que o dinheiro não pode comprar.

— George Horace Lorimer

Recentemente, assisti a um programa de televisão sobre um ex-empresário da construção civil que perdera todo seu dinheiro e acabara morando na mesma pequena casa onde havia começado seu império. Nesse meio tempo, esse homem descobriu que felicidade não tem nada que ver com dinheiro. Ele percebeu que era mais feliz na sua cabana do que jamais fora em seu luxuoso apartamento.

Se, então, o dinheiro não tem relação com a felicidade, talvez você se pergunte por que dedicar um capítulo deste livro a esse assunto. Muitas são as razões. O feng shui é muito eficiente para atrair riqueza e abundância. De fato, em minhas palestras, os participantes geralmente fazem mais perguntas sobre dinheiro do que sobre outros aspectos do feng shui. A maioria das pessoas acredita que se tivesse mais dinheiro poderia ser mais feliz. Não estou convencido disso, mas se você também pensa que uma quantidade maior de dinheiro aumentaria sua felicidade, as idéias expostas neste capítulo lhe serão muito proveitosas.

Os chineses acreditam que precisam ter sucesso na vida para que seus ancestrais tenham orgulho deles e para que possam deixar uma base material sólida para seus descendentes. Todo um ramo do feng shui é dedicado à localização e posicionamento de túmulos, pois para eles essa questão influencia muito a felicidade e a prosperidade da família. Um túmulo bem situado traz fama, honra, felicidade, longevidade e prosperidade para muitas gerações.

O extraordinário sucesso de Sun Yat-Sen é atribuído à localização do túmulo da mãe dele![1] De fato, muitas pessoas ambiciosas mudaram os jazigos de suas famílias para perto da sepultura da mãe de Sun Yat-Sen na tentativa de se beneficiar do excelente feng shui do local.[2] O sucesso de Chiang Kai-shek também foi creditado à localização do túmulo da mãe dele. Sua queda começou quando os comunistas profanaram o túmulo dela.[3]

Pessoalmente, acredito que a felicidade é um estado de espírito. Podemos decidir ser felizes, não importa quais sejam as circunstâncias de nossa vida. Naturalmente, se um parente próximo sofre de uma doença terminal, ou se estamos prestes a perder a casa, é difícil ser feliz, mas não impossível. Se agimos positivamente, ajudamos a nós mesmos e também elevamos o espírito das pessoas que nos são próximas.

Já vimos alguma coisa sobre a área da Abundância de nossa casa. Naturalmente, ela deve ser ativada se queremos mais dinheiro. Mas se somos ambiciosos e queremos muito dinheiro, há mais coisas a fazer.

O feng shui relaciona o dinheiro com um curso de águas plácidas. Um riacho cria ch'i benéfico e torna férteis e produtivas as terras às suas margens. Uma casa com a vista de um fluxo de águas calmas é considerada um ímã que atrai boa sorte, felicidade e riqueza. As pessoas sempre gostaram de viver perto da água. Uma comparação de preços de casas mostra que as pessoas pagam satisfeitas um adicional considerável para ter a vista agradável de um rio, de um lago ou do mar.

O elemento água influencia todas as pessoas, não importa quais sejam seus elementos pessoais. No Ciclo da Criação dos elementos, o metal se liquefaz simbolicamente e cria a água que, por sua vez, alimenta e cria a madeira. Esses três elementos estão próximos no Ciclo da Criação e se harmonizam bem. Como resultado, as pessoas que nascem sob metal, água e madeira podem se beneficiar muito com a presença da água em suas casas.

Talvez você pense que as pessoas nascidas sob os elementos fogo e terra não tenham os aspectos de prosperidade da água, porque elas se relacionam negativamente com esse elemento no Ciclo da Destruição. Mas esse não é necessariamente o caso. A terra pode represar e obstruir a água, como acontece no Ciclo da Destruição. Entretanto, a água também nutre a terra e a torna fértil. A água apaga o fogo no Ciclo da Destruição, mas o fogo também aquece a água e cria o vapor. Desse modo, não importa qual seja seu elemento pessoal, você pode usar a água para atrair a prosperidade para sua vida.

Um curso de águas calmas produz riqueza. Entretanto, uma torrente tem o efeito contrário. Ela arrasta consigo o ch'i auspicioso, deixando a devastação e a destruição atrás de si. Essa situação pode levar as pessoas a uma perda total. Água estagnada ou poluída causa problemas de saúde, bem como o ch'i negativo. Assim, a água deve ser usada cuidadosamente.

Por exemplo, muitas pessoas acham que, da perspectiva do feng shui, é bom viver perto do mar. Geralmente, isso é verdade. Você é uma pessoa de muita sorte se sua casa tiver a vista agradável de um fluxo de água pura, natural. Entretanto, se ela estiver à beira do mar, constantemente exposta às grandes ondas que quebram na praia, você receberá uma enorme quantidade de ch'i negativo. Nessa localização, também é possível que haja muito vento, o que também é prejudicial, pois ele dispersará todo o ch'i positivo.

À beira-mar, um grande prédio atrairá um ch'i melhor do que uma casa pequena; às vezes, esta dará a impressão de ser tragada pela imensidão das águas do oceano. Uma piscina grande tem o mesmo efeito quando construída perto de uma casa pequena. Mas uma casinha na praia pode ficar sob a proteção das casas vizinhas, suavizando os possíveis efeitos negativos.

Naturalmente, o melhor é a água em movimento, como um rio, um lago, uma enseada ou o oceano. Teoricamente, esse curso d'água deve estar na frente da casa, uma vez que ela representa as oportunidades financeiras que podemos aproveitar. Água atrás da casa representa as oportunidades que podemos ver, mas que não conseguimos usufruir. Muitas vezes é recomendável construir um muro para esconder um riacho ou um rio que passa atrás da casa; essa medida dissiparia possíveis frustrações. Isso equivale a erguer um muro para ocultar um shar, que, não sendo visto, deixa de existir.

Um riacho ou um rio que corre em direção à nossa casa é péssimo, pois ele cria um shar, ou uma seta envenenada, carregado de potencial nocivo. A água que corre na frente da casa deve formar um meandro, e não uma linha reta.

Tampouco queremos um riacho ou um rio que seque nos meses de verão, pois isso significa que o fluxo de dinheiro também desaparecerá.

A água deve ser limpa e ter um fluxo suave. Água suja, poluída, malcheirosa ou estagnada cria ch'i negativo que pode causar perdas financeiras. Às vezes, é possível purificar a água, o que aumentará rapidamente os benefícios financeiros.

Obviamente, a maioria das pessoas não tem a agradável vista de um curso natural de água. Ainda assim, porém, elas podem usufruir os benefícios financeiros da água instalando uma fonte, um tanque, uma piscina ou uma cascata no jardim em frente da casa. Essas soluções podem ser tão auspiciosas quanto um fluxo natural de água e criar um volume igualmente grande de ch'i e de riqueza.

Naturalmente, uma fonte artificial de água deve ser esteticamente agradável e ser proporcional ao tamanho da casa.

Chafarizes

Um chafariz construído ou instalado no jardim da frente da casa, e visível da porta de entrada, cria ch'i auspicioso em abundância, além de estimular a riqueza. Existe atualmente uma grande variedade de chafarizes no mercado; escolha um que seja atraente à visão tanto da porta como da rua. O chafariz deve ficar a uma distância de pelo menos cem metros da porta de entrada. Lembre-se de ligá-lo todos os dias para que o dinheiro continue fluindo. Um chafariz desligado é como um rio seco.

Uma família que conheço instalou um chafariz na casa nova, comprada quando eles se mudaram de Hong Kong para a Nova Zelândia. Acontece que eles só ligavam o chafariz quando recebiam visitas. Como conheciam muito poucas pessoas, ele raramente era ligado; suas finanças sofreram um abalo, até que criaram o hábito de ativar o chafariz diariamente.

Lagos de Peixes

Sob inúmeros pontos de vista, um lago de peixes é muito útil, porque a água cria riqueza e ch'i positivo. Ele também contém peixes, que tradicionalmente significam progresso futuro, abundância e grande riqueza.

Na China antiga, a única maneira de progredir era passar nos exames oficiais. Os chineses observavam os peixes nadando contra a correnteza e vencendo as quedas-d'água para chegar às áreas propícias à desova. Isso lhes lembrava a necessidade de passar nos exames para poder progredir. Assim, o peixe tornou-se a força propulsora que simboliza o progresso e o sucesso final.

É irrelevante a espécie de peixe que você escolha. O peixe de cor dourada, porém, é o mais recomendado devido ao simbolismo de sua cor. O *koi*, a carpa japonesa, é outra preferência muito comum, porque a palavra chinesa para carpa (*Lei-Yu*) soa como "possuir riquezas".[4]

Naturalmente, o lago, a área adjacente e os peixes precisam ser bem-cuidados. Água suja cria ch'i negativo e a possibilidade de perda financeira.

Tradicionalmente, as melhores direções para os lagos de peixes são o norte, o leste e o sudeste do jardim. Um lago de peixes no jardim em frente à casa é algo muito auspicioso, mas ele não deve ser construído no lado direito da porta de entrada, olhando-se de dentro para fora, pois acredita-se que essa localização pode levar o marido a trair.

O lago não precisa ser grande, mas deve ser bonito. E também não o abarrote de peixes. Tradicionalmente, usam-se nove peixes: oito dourados e um preto. A explicação para isso é que a água simboliza dinheiro, o dourado representa dinheiro e o número oito significa dinheiro num futuro próximo. O peixe preto simboliza proteção. Se um peixe morre, isso não significa necessariamente má sorte; significa simplesmente que um infortúnio foi afastado. Substitua o peixe o mais rapidamente possível.

Os aquários também devem conter oito peixes dourados e um preto. Na Ásia, é comum verem-se aquários nas casas, e os artistas gostam de pintar quadros com nove peixes, porque sabem que essas obras são vendidas com facilidade.

Piscinas

No feng shui, há controvérsias com relação às piscinas. As piscinas contêm muita água, o que pode perturbar o equilíbrio dos cinco elementos. Grandes volumes de água, principalmente nos fundos da casa, são considerados potencialmente perigosos. Por isso, é melhor instalar a piscina ao lado ou na frente da casa.

As melhores piscinas são as redondas, as ovais ou as que têm a forma de feijão. Piscinas quadradas e retangulares criam shars nos quatro cantos, o que pode afetar a felicidade e o bem-estar dos proprietários, principalmente se o shar está voltado para a casa.

São mais recomendáveis piscinas pequenas, porque requerem menos água. As piscinas em forma de feijão devem dar a impressão de abraçar a casa, e não de dar as costas para ela.

Tanques para Pássaros

O tanque para pássaros atrai riqueza financeira e também muitas espécies de aves. O volume de água não precisa ser grande, mas a água precisa ser mantida limpa. O tanque deve ser instalado numa área favorável, de preferência num ponto que dê condições de vê-lo e apreciá-lo de dentro de casa. O tanque para pássaros pode constituir-se no ponto central do jardim e criar um volume expressivo de ch'i positivo.

Do ponto de vista do feng shui, animais vivos são favoráveis, e as travessuras dos pássaros quando usam o tanque produzem movimento e som, e estes ajudam a criar um bom feng shui.

Aquários

Os aquários são muito populares na Ásia, pois os asiáticos acreditam que esses reservatórios favoreçam a felicidade, o sucesso e a riqueza, e protegem contra infortúnios. Como já foi mencionado anteriormente, oito peixes dourados e um peixe preto compõem o número perfeito para criar riqueza e proteção.

Nos tempos antigos, a maior parte da população era analfabeta, e os chineses criaram centenas de "afirmações silenciosas" para motivar e incentivar as pessoas. Os peixes são um bom exemplo disso. Quando vemos um aquário, é provável que pensemos sobre os bonitos peixes. Mas um asiático, ao olhar o mesmo aquário, pensará imediatamente em dinheiro!

Os homens e mulheres de negócio orientais usam afirmações silenciosas o tempo todo. Uma bela caligrafia na parede do escritório pode muito bem dizer "Os lucros aumentam diariamente". Com freqüência, pode-se ver um pequeno estojo de metal com algumas moedas dentro na área da Abundância da mesa de trabalho de um empresário. Sempre que seus olhos dão com o estojo, o empresário recebe uma afirmação silenciosa relacionada com a razão que faz dele o que ele é.

Objetos Redondos

Objetos redondos também estão relacionados com o dinheiro, visto que as moedas normalmente são redondas. Assim, uma mesa de jantar redonda ou oval tem mais probabilidade de atrair riqueza do que uma quadrada ou retangular. Laranjas e tangerinas são símbolos especialmente bons porque são redondas e douradas.

Divirta-se Ganhando Dinheiro

Outro aspecto importante é que, no Oriente, ganhar dinheiro deve ser uma atividade divertida. É por isso que os chineses sorriem e riem quando compram e vendem. Eles gostam de trabalhar muito e de ganhar dinheiro! Quanto mais ocupados estão, mais sorriem. Naturalmente, essa atitude atrai um número sempre maior de fregueses, pois todos gostamos de ser servidos por pessoas amáveis que ficam realmente satisfeitas em nos ver. O sorriso não é artificial. Eles gostam de trabalhar muito, e quanto mais trabalham, mais felizes ficam, e quanto mais felizes, mais sorriem. Há muita verdade no antigo ditado que diz que um chinês sem trabalho é um chato. Os chineses gostam de passar o tempo com seus colegas de trabalho e com seus fregueses. Eles fazem amigos e dinheiro ao mesmo tempo.

No Oriente, um sorriso agradável é um poderoso segredo de sucesso. Um sorriso é também um excelente feng shui, porque ele suaviza águas turbulentas, promove a felicidade e cria um ambiente de trabalho agradável. E os chineses descobriram que o sorriso também ajuda a ganhar dinheiro.

Capítulo 5

A Saúde

*A saúde é a alma que anima todas as alegrias da vida,
que fenecem e são insípidas sem ela.*
— *Sir* William Temple

Uma boa saúde é quase essencial para a felicidade. Na verdade, conheço pessoas tranqüilas e felizes que convivem com dores crônicas, mas obviamente é muito mais fácil ser feliz quando estamos fisicamente bem.

O feng shui desempenha um papel importante na criação de um ambiente que favoreça a saúde. As casas exercem uma função vital na saúde e na felicidade de seus moradores. Imagine dormir num quarto pintado de vermelho vivo ou preto. Pense um momento sobre como seria morar numa casa onde as janelas nunca fossem abertas para permitir a entrada de ar fresco. Imagine-se morando numa casa onde os ocupantes tivessem tanto medo de ser assaltados que todas as portas da casa ficassem trancadas o tempo inteiro. Essas suposições podem parecer exageradas, mas já vi todas essas coisas, e muitas mais, em casas onde me pediram para aplicar os princípios do feng shui. Não causa surpresa que a saúde das pessoas que vivem em ambientes assim acabe abalada.

Um modo de verificar se a sua casa pode lhe causar problemas de saúde é tentar vê-la com novos olhos. Ande pela casa como se fosse um comprador em potencial. Percorra todos os cômodos, como se seguisse o caminho do ch'i pela casa. Veja se ele flui facilmente e sem esforço por todo o ambiente. Observe se as peças são bem iluminadas e alegres. Detenha-se um ou dois minutos em cada uma e procure captar intuitivamente a atmosfera que a envolve. Se você ficar em silêncio, o cômodo falará com você, fornecendo-lhe todas as informações de que você precisa.

Não há nada de sobrenatural ou estranho nisso. Agimos assim o tempo todo. Tenho certeza de que você já entrou numa sala e sentiu imediatamente que algo estava errado. Tudo o que fazemos nesse exercício é aquietar-nos para que a informação nos chegue.

Durante a avaliação, observe tudo o que precisa ser consertado. Torneiras pingando, portas e janelas emperradas e tudo o mais que causa frustração e cria ch'i negativo. Sua felicidade, bem-estar — e também a saúde — melhorarão se essas coisas forem consertadas.

Se uma pessoa da família está com problemas de saúde, providencie para que o quarto dela seja bem iluminado e receba muito ar fresco e a luz do sol durante o dia. Essas medidas favorecem um grande afluxo de ch'i para o quarto. Além disso, coloque nele uma planta, para estimular o crescimento e a boa saúde; coloque também, na área da Família do quarto, alguma coisa do elemento que precede o elemento da pessoa enferma no Ciclo da Criação.

Você está satisfeito com suas condições físicas? É provável que não, porque as pesquisas indicam que a maioria das pessoas quer aumentar a quantidade de exercícios que faz.

A SAÚDE

69

Sem dúvida, ter boas intenções é uma coisa; pô-las em prática é outra.

Quando em boa forma física, você se sente melhor consigo mesmo e com o mundo. Você não apenas parecerá melhor, mas estará de fato melhor. Sua auto-estima aumentará, e você terá uma motivação maior para atingir suas metas. Você também terá mais energia para as atividades que lhe dão prazer.

Comece a melhorar suas condições físicas colocando na área da Família de sua casa alguma coisa relacionada com o elemento que precede o seu no Ciclo da Criação. Como você sabe, isso ajudará a criar seu elemento pessoal e dará a você motivação para melhorar sua aptidão física.

Defina o exercício que você vai praticar. Para mim, o mais adequado é caminhar, mas você pode preferir algo completamente diferente. Você pode se decidir por uma academia de ginástica ou por aulas de aeróbica. Comece devagar. Uma caminhada de três quilômetros é tão eficaz quanto percorrer a mesma distância quase correndo. Mas é provável que você não vá começar nesse estágio. Faça uma pequena caminhada hoje, e aumente-a um pouco amanhã. Continue com esse procedimento até caminhar durante vinte minutos pelo menos, sem interrupção.

Escolha cuidadosamente sua modalidade de exercício. Uma amiga minha comprou um aparelho de remo para melhorar seu condicionamento físico. Sua intenção era remar durante trinta minutos diários enquanto assistia à televisão. Ela imediatamente descobriu que odiava remar. Além disso, a máquina era enorme e parecia ocupar toda a sala de estar. Depois de uma ou duas semanas, ela foi jogada no quarto de hóspedes e nunca mais foi usada. E uma coisa não usada é considerada "bagunça" no feng shui. É melhor alugar um equipamento por um ou dois meses, em vez de comprá-lo, para ver se você se adapta à modalidade de exercício escolhida.

Muitas pessoas me dizem que o apetite delas aumenta se começam a se exercitar. Isso é um mito. A maioria descobre que sua ingestão de alimento na verdade diminui quando passa a praticar exercícios regularmente.

O condicionamento físico exerce grande influência em nosso bem-estar e felicidade. Conseqüentemente, precisamos prestar atenção também ao que comemos. Provavelmente, a única coisa importante que podemos fazer é diminuir a quantidade de gordura na alimentação.

É a quantidade de carboidratos que você ingere no café da manhã (como pão ou torrada) que lhe diz que você já comeu o suficiente e que lhe sinaliza o momento certo para a refeição seguinte. A quantidade de gordura no café da manhã (como manteiga ou margarina) ou a quantidade de gordura que você tem no corpo não faz diferença. Se você reduzir a quantidade de gordura na alimentação, você perderá — com o passar do tempo — a gordura do corpo. Demora um pouco, mas você perderá peso. É recomendável usar produtos gordurosos para dar sabor, e não consumi-los em grandes quantidades. Por exemplo, em vez de comer queijo à vontade, corte uma fatia fina e faça com ela um sanduíche, apenas para dar sabor.

Observe seu corpo. Quase todos nós prestamos mais atenção às necessidades do nosso carro do que ao corpo dentro do qual vivemos. Se algo não está bem, procure um médico. Faça exames regularmente. Se você é fumante, determine-se a parar de fumar, para o bem de sua saúde.

Todo o tempo que você passar exercitando-se e prestando atenção ao seu corpo será recompensado com felicidade e qualidade de vida. Você merece o melhor que a vida tem a oferecer. Cuide de seu corpo físico, que ele sem dúvida cuidará de você.

Capítulo 6

O Amor e os Relacionamentos

O maior prazer da vida é o amor.

— *Sir* William Temple

Para sermos sempre felizes precisamos amar e ser amados. Acho triste ler nos jornais sobre a vida fútil de muitos de nossos atores e atrizes de cinema preferidos. Eles podem ter milhões de dólares no banco, mas estão para se divorciar pela quinta ou sexta vez. Sou da opinião de que eles não chegam nem perto da prosperidade de um casal que tem pouca ou nenhuma riqueza material, mas que é rodeado e amado pela família, pelos amigos e pelos vizinhos.

As estatísticas sobre divórcios e maus-tratos familiares são estarrecedoras. E a situação é ainda mais triste quando se sabe que essas pessoas inicialmente se amavam. Como é possível que relacionamentos que começaram com amor de ambas as partes terminem tão tragicamente?

Infelizmente, muitas pessoas iniciam a vida matrimonial com expectativas falsas. Elas desconhecem a influência que hipotecas elevadas, filhos pequenos, parentes e outras condições estressantes podem ter sobre seus relacionamentos bem-sucedidos. Naturalmente, outros casais têm relacionamentos exitosos e duradouros, apesar de obstáculos semelhantes. Seriam essas pessoas de algum modo diferentes daquelas cujas relações se desfazem?

A resposta é "sim" e "não". Os casais que desfrutam um relacionamento que cresce e se desenvolve através dos anos investem no relacionamento. Eles aceitam seus companheiros como eles são e não perdem tempo tentando mudá-los. Eles admiram seus companheiros. Eles se comunicam, ouvem, compartilham.

Se você está num relacionamento que parece ir para lugar nenhum, é provável que você não esteja feliz. Cabe a você fazer alguma coisa se o amor se deteriorou. Não havendo vontade de reconstruir a relação, talvez seja melhor terminá-la. No entanto, lembre-se de que no início você queria passar o resto da vida com seu companheiro. Todo relacionamento dá trabalho, e se você realmente quer que o seu sobreviva, nunca é tarde para fazer alguma coisa com relação a ele.

Fazer algo surpreendente e peculiar de vez em quando ajuda o relacionamento. Não precisa ser nada grande ou caro. Coisas pequenas, como levar flores para casa, podem ser suficientes.

Um amigo meu passava por momentos difíceis no casamento, e eu lhe sugeri que fizesse alguma coisa surpreendente. Ele telefonou para o patrão da mulher e acertou com ele uma tarde de folga para ela. Ao meio-dia da data combinada, meu amigo chegou no escritório da esposa com uma cesta de comida e uma garrafa de champanhe, pegou a mulher pelo braço e levou-a para um piquenique à beira de um lago. Isso aconteceu há vários anos, e sua esposa fala no

O AMOR E OS RELACIONAMENTOS **75**

assunto até hoje. Eles continuam casados, e meu amigo diz que eles começaram a comunicar-se realmente naquela tarde. A felicidade verdadeira requer relacionamentos bem-sucedidos com outras pessoas. Felizmente, podemos usar o feng shui para aprimorar todos os nossos relacionamentos já existentes e também para atrair novas relações para a nossa vida.

Nas Aspirações do Ba-guá (ver página 48), aprendemos que a área do Casamento está localizada no canto diagonal direito com relação à porta de entrada. Essa área deve ser ativada para aprofundar relacionamentos existentes ou para atrair novos.

Você pode reacender a paixão perdida ativando a área do Casamento com alguma coisa do elemento que precede o seu no Ciclo da Criação. Por exemplo, se você pertence ao elemento Fogo, introduza algo do elemento Madeira nesse local da casa. Escolha um vaso de planta ou alguma flor fresca para ajudar a reativar a paixão.

Entretanto, cuide para não exagerar! Alguns anos atrás, estudei a casa de um casal que estava com problemas de relacionamento. Ele pertencia ao elemento Fogo, e a mulher, ao elemento Metal. Na tentativa de melhorar o relacionamento, o marido havia pintado as paredes de verde e enchido o quarto com vasos de planta. Ele notou uma melhora em sua virilidade, mas a mulher se distanciou ainda mais. Sugeri que ele reduzisse a quantidade do elemento Madeira e o substituísse por alguma coisa do elemento Terra, pois este se harmonizava com os dois cônjuges. (Fogo cria Terra e Terra cria Metal.)

O ch'i precisa fluir livremente pela área do Casamento, a qual também deve ficar livre de entulhos.

Fiz recentemente uma avaliação para um casal e descobri que a área do Casamento era um depósito empoeirado, raramente usado. As janelas e a porta estavam sempre fechadas, impedindo totalmente a entrada do ch'i. Os objetos ali guardados pertenciam a um antigo negócio que fracassara. A mulher me confidenciou que o casamento deles também fracassara. A casa se tornara definitivamente "azarada" para eles. Sugeri que limpassem e redecorassem esse cômodo e o usassem regularmente. O marido não se entusiasmou com a idéia, mas eles perceberam uma melhora imediata em sua vida logo que se desfizeram do entulho que aos poucos fora deteriorando o relacionamento deles.

Isso mostra como é importante possibilitar que o ch'i benéfico flua livremente pela área do Casamento da casa. Ela também deve ser bem iluminada para estimular o ch'i. A peça ou peças devem ter uma aparência atraente para estimular uma sensação de conforto e prazer. Uma cama nessa parte da casa deve permitir passagem por ambos os lados para estimular relacionamentos românticos.

A área do Casamento se aplica a todos os relacionamentos íntimos, que não precisam ser necessariamente românticos. Por exemplo, se você tem um negócio com um sócio, essa relação pode ser estimulada ativando a área do Casamento de sua casa. Ative essa área também em suas instalações comerciais.

A maioria das relações não-românticas é representada pela área da Família. Também essa parte da casa deve ser bem iluminada e acolhedora. Tenha sempre nela cadeiras ou sofás que incentivem visitas de outras pessoas.

A solidão é incrivelmente comum, e está relacionada com o desespero, a doença, a depressão e o suicídio. Mas se

O AMOR E OS RELACIONAMENTOS

não quiser, você não precisa ficar só. É preciso esforçar-se, porém.

Todo relacionamento precisa de cuidados. Há um velho ditado que diz: "Para ter amigos, seja amigo."

Você precisa estar preparado para dar o primeiro passo. Um simples comentário sobre o tempo ou sobre a situação em que ambos se encontram pode abrir a porta para uma conversa interessante que pode acabar em amizade.

Minha primeira visita à Índia foi resultado direto de uma amizade que fiz com um senhor idoso numa parada de ônibus. Costumávamos esperar o mesmo ônibus todas as manhãs, e durante três meses nenhum de nós tomou a iniciativa de falar com o outro. Certa manhã, comentei impulsivamente que o ônibus estava ainda mais atrasado do que de costume. No decorrer de vários meses, ele me falou de suas experiências como plantador de chá na Índia. Ele acabou se transformando num homem fascinante e amigo de toda a família. Se eu não tivesse feito o primeiro contato, jamais nos teríamos tornado amigos, e como conseqüência minha vida não teria sido tão rica.

A maioria das pessoas tem medo de fazer o primeiro contato. Precisei de três meses para isso na primeira vez, mas venho melhorando desde então!

Ao fazer um amigo ou dois, procure conservá-los. Convide-os para ir à sua casa ou sugira atividades interessantes que vocês possam desenvolver juntos. Interesse-se pelo que eles têm a dizer. A amizade é um relacionamento de mão dupla. Revele-se aos poucos a seus amigos e possibilite que façam o mesmo com você. Ajude-os e incentive-os quando puder, e deixe que eles também o ajudem. Seja gentil e atencioso com seus amigos, e não se esqueça de ser gentil e atencioso com você mesmo. Aceite seus amigos como eles são, e aceite-se da mesma forma. Você é "legal". Você é perfeito do jeito que é. Você pode ter quantos amigos quiser; basta apenas lembrar-se de ser amigo também.

A área da Família é um bom lugar para se comunicar com seus amigos. Telefone, escreva cartas ou mande-lhes *e-mails* desse espaço. Esse é também um bom lugar para passar o tempo com seus amigos ou para expor fotografias suas e de seus amigos praticando atividades prazerosas.

À medida que seus relacionamentos se desenvolvem e se aprofundam, você também muda e se torna mais compassivo e afetuoso. Sendo amigo das pessoas sua felicidade se expandirá exponencialmente.

Capítulo 7

A Espiritualidade

***A fé é o lápis da alma que desenha
motivos celestiais.***
— T. Burbridge

Este tópico pode parecer deslocado num livro sobre felicidade; na prática, porém, não é assim. Para sermos verdadeiramente felizes, precisamos de uma fé ou de uma filosofia que oriente nossa vida. A fé em algo maior do que nós mesmos pode melhorar e dar sentido à nossa vida.

Todas as crenças têm pontos em comum relacionados com a nossa conduta e com o nosso modo de viver. Conceitos como honestidade, amor ao próximo e fazer aos outros o que queremos que nos façam são diretrizes excelentes para nos relacionarmos com outras pessoas, tenhamos ou não uma fé sólida.

Se você pertence a uma religião organizada, dedique-se a ela. Tome parte em atividades humanitárias. Participe dos cultos religiosos com os outros membros da congregação. Fazendo isso, você enriquece sua vida de várias maneiras. Você será capaz de ajudar outras pessoas, fará bons amigos, sua fé aumentará e sua vida se tornará um exemplo a ser seguido.

Talvez você não se considere uma pessoa religiosa. Mesmo assim, você pode esboçar aos poucos uma filosofia de vida através da leitura, da meditação e do contato com outras pessoas. Procedendo desse modo, você pode crescer interiormente tanto quanto se participasse de um credo religioso.

Precisamos alimentar o aspecto espiritual de nossa natureza tanto quanto alimentamos os aspectos físico, mental e social. Só quando vemos além do temporal e nos abrimos para o espiritual é que podemos dizer que estamos plenamente vivos.

No feng shui, a parte central da casa é chamada de Centro Espiritual. Coerentemente, o centro de cada peça também é um centro espiritual.

A parte central da casa é um lugar excelente para os membros da família passarem algum tempo juntos. Por conseguinte, é uma boa localização para parte da sala de estar ou da sala de jantar. É também uma posição excelente para um espaço sagrado. Joseph Campbell descreveu o espaço sagrado como um lugar onde o maravilhoso pode se revelar.[1]

O centro de sua casa é o lugar ideal para um pequeno oásis de paz e tranqüilidade onde você pode se sentar em silêncio e revitalizar sua alma. Ao longo da história, as pessoas sempre sentiram necessidade de um lugar sossegado para meditar e estar em harmonia com o universo.

Essa área pode ser mobiliada como você quiser. Nela eu tenho uma confortável poltrona reclinável. Um amigo meu tem um pequeno tapete persa para oração; ele o desenrola e senta-se nele quando precisa pensar e entrar em sintonia com o infinito. Gosto de ter fotografias das pessoas especiais

A ESPIRITUALIDADE

em minha vida nessa parte da casa. Não há maneira certa ou errada de compor seu espaço sagrado. Você pode escolher coisas totalmente diferentes das minhas.

Uma conhecida minha montou um altar provisório em seu espaço sagrado e o cobriu com jóias baratas. Acho isso um pouco extravagante, mas nunca comentei nada porque ela se sente bem assim.

Outra senhora que conheço usa o centro da cozinha como seu espaço sagrado. Ela faz arranjos de flores perfeitos e sempre os deixa no centro da cozinha por alguns minutos antes de distribuí-los pelas outras peças.

— Aqui estou no controle total — ela me disse. — Esse é o meu lugar na casa; portanto meu espaço sagrado é aqui.

Isso é verdade. Seu espaço sagrado não precisa ser o centro da casa. Esse espaço pode estar em qualquer lugar, dentro ou fora de casa.

Tenho uma árvore-oráculo pessoal numa fazenda perto de casa. Vou para esse lugar e sento-me debaixo dessa árvore sempre que preciso meditar ou pensar. A árvore-oráculo vem da tradição druida e consiste basicamente num contrato que você estabelece com sua árvore-oráculo. Você se compromete a cuidar da árvore e do ambiente à volta dela, e ela, em retribuição, cuida de você.[2]

Um senhor de idade que conheço tinha seu espaço sagrado no local de trabalho. Todos os dias, no horário do almoço, ele fechava a porta do escritório e meditava junto a um pequeno altar durante alguns minutos. O altar estava organizado de tal modo que ninguém sabia do que se tratava.[3] Ele atribui o sucesso do seu negócio ao fato de que todos os dias, por alguns instantes, ele conseguia esquecer os problemas e apenas entrar em sintonia com o universo.

Talvez você queira realizar algum ritual no seu espaço sagrado. Você pode fazer isso sozinho ou com outras pessoas da família. Conheço vários casais que cumprem essa prática em conjunto, e também conheço pessoas que a fazem sozinhas, sem o conhecimento do cônjuge. Cabe a você escolher a forma que lhe parecer mais apropriada. Relaxe durante alguns minutos, aliviando o *stress* e as tensões das atividades do dia. Para mim pessoalmente, girar os ombros algumas vezes para desfazer a tensão que neles se acumula é um exercício de grande eficácia. Adoto também uma técnica de auto-hipnose para relaxar completamente. A repetição de um mantra ou a concentração na respiração ajudam a chegar ao mesmo resultado.

Depois de relaxar completamente, faça uma oração e agradeça ou peça orientação, perdão, ou alguma outra coisa que lhe diga respeito. Escolha uma oração que você conheça de cor ou simplesmente deixe que as palavras lhe venham à mente. Você também pode sentar-se em silêncio e deixar que seus pensamentos divaguem à vontade.

Ao terminar, agradeça serenamente, respire algumas vezes e abra os olhos.

Muitas pessoas me dizem que não têm tempo para fazer algo assim. Entretanto, elas acham tempo para todo o tipo de coisas bem menos benéficas. Noto que tenho muito mais energia depois de passar algum tempo no meu espaço sagrado do que conseguiria de alguma outra maneira. Em conseqüência, essas sessões me poupam tempo e também me possibilitam entrar em contato com o meu lado espiritual.

A ativação do Centro Espiritual da casa influenciará todas as áreas da sua vida. Você se surpreenderá tornando-se mais compreensivo, compassivo, gentil e afetuoso. Você será mais flexível em seus pontos de vista, mais indulgente e mais espiritualizado.

Sua felicidade aumentará e se expandirá tanto mais quanto seu aspecto espiritual se manifestar concretamente.

Capítulo 8

As Soluções do Feng Shui

O hábito de ser feliz possibilita que fiquemos livres, ou em grande parte livres, do domínio das condições externas.

— Robert Louis Stevenson

Um dos aspectos mais extraordinários do feng shui é que ele tem uma solução para praticamente tudo. Se existe algum aspecto de sua vida com o qual você não está satisfeito, você pode saná-lo usando o feng shui.

As soluções, às vezes chamadas de remédios ou *curas*, podem ser divididas em dois tipos. As soluções podem ser usadas para reforçar uma área que não tem nada de particularmente nocivo. Um exemplo disso é aumentar a iluminação numa determinada área para estimular um maior afluxo de ch'i para essa parte da casa. Elas também são usadas para solucionar, tratar, ou curar, um problema específico. O uso do espelho ba-guá para refletir um shar de volta para seu ponto de origem exemplifica bem esse caso.

Algumas soluções, como o espelho ba-guá, são usadas só na parte externa da casa; outras, como os cristais, são usadas dentro de casa. Outras ainda podem ser usadas tanto interna como externamente.

Soluções Externas

As Plantas

Árvores, arbustos e cercas vivas podem ser usados para ocultar shars que afetam a casa. As plantas também podem esconder vistas desagradáveis, proteger contra ventos cortantes e ajudar a eliminar barulhos excessivos. Além disso, podemos com elas criar mais energia yang se o terreno for completamente plano (yin).

No passado, plantavam-se bosques atrás das casas e até de vilas inteiras para proporcionar uma proteção simbólica. Ainda hoje é possível ver esses bosques feng shui protegendo vilas remotas nos Territórios Novos de Hong Kong. Normalmente são bosques em forma de meia-lua, formados por árvores nativas, embora o bambu também seja muito usado.[1]

As árvores devem crescer naturalmente. Assim, é importante prever a altura que uma determinada planta atingirá antes de plantá-la. As árvores não devem ser plantadas muito próximas da casa, pois podem bloquear a luz e impedir a entrada do ch'i.

As plantas devem ser saudáveis. Plantas murchas ou em decomposição criam ch'i negativo e devem ser removidas o mais rapidamente possível.

Todas as flores são boas e criam ch'i em abundância. Entretanto, cinco flores são tradicionalmente consideradas mais apropriadas por terem significado especial no feng shui: a peônia, o crisântemo, a magnólia branca, a orquídea e o lótus.

A peônia é a mais auspiciosa dessas flores e representa a riqueza, a honra e o amor. Quando desabrocha, ela repre-

AS SOLUÇÕES DO FENG SHUI

senta grande fortuna. Durante a dinastia T'ang, a peônia era conhecida como a "rainha das flores" e simbolizava uma pessoa rica e feliz.[2]

O crisântemo simboliza a felicidade e o riso. É uma flor boa para se ter tanto interna como externamente, pois simboliza uma vida de conforto e tranqüilidade. Ele também simboliza o outono. (O bambu simboliza o verão; a ameixeira em flor, o inverno, e o epidendro, a primavera.)

A peônia e o crisântemo são encontrados em toda a parte durante as celebrações do Ano-Novo Chinês.

A magnólia branca e a orquídea simbolizam o bom gosto, a doçura e a feminilidade.

O lótus sempre foi considerado uma flor sagrada pelos budistas, e simboliza a pureza, porque nasce da lama e floresce triunfante na superfície da água. Dentro de casa, ele representa a paz, a tranqüilidade, a criatividade e a espiritualidade. Na China, encontram-se as variedades branca e vermelha do lótus, freqüentemente reproduzidas em pinturas como um trono ou uma carruagem para um deus ou uma deusa.

Os gerânios também são flores boas para se ter no jardim. Os vermelhos atraem a prosperidade, enquanto os brancos propiciam paz de espírito e sonhos agradáveis.

O azevinho atrai dinheiro e produz mais efeito se for plantado no sudeste. Todos os objetos redondos simbolizam o dinheiro. O dente-de-leão é um bom exemplo, e acredita-se que ele zela pela saúde dos membros da família.

O jasmim simboliza a amizade e o afeto. As centáureas também são boas para estimular e manter bons relacionamentos.

O narciso representa a generosidade, uma mente aberta e a comunicação. Entretanto, ele deve ser usado com moderação, porque o excesso pode dissipar as energias.

As rosas são muito benéficas, especialmente quando plantadas em número ímpar.

As tulipas, especialmente as vermelhas, simbolizam o amor e o romance.

Da perspectiva do feng shui, todas as plantas são boas. Incluí mais informações sobre plantas em meu livro *Feng Shui para o Jardim.*[3]

A Água

A água também pode ser usada como uma solução eficaz para ambientes externos. A maioria das grandes cidades é muito yang, e um tanque de água ou uma cascata pode propiciar o equilíbrio yin necessário para criar harmonia, contentamento e felicidade. Esses benefícios podem ser realçados ainda mais com paisagens atraentes, pois as plantas trazem boa sorte.

Naturalmente, é necessário manter a água limpa, porque água suja, estagnada ou malcheirosa cria ch'i negativo.

Lagos com peixes são muito benéficos. Eles fornecem não apenas a água, mas também o peixe, que simboliza riqueza, abundância e progresso contínuo.

A carpa é muito popular na China. Em chinês, o som da palavra "carpa" se assemelha a "ter riqueza", o que é altamente auspicioso. Carpas também são afirmações silenciosas. Anualmente, sempre no mês de março, a carpa enfrenta as correntezas e as quedas d'água do rio Amarelo em seu

AS SOLUÇÕES DO FENG SHUI

esforço para chegar nos pontos favoráveis à desova. A coragem e a resistência desses peixes são ensinadas às crianças para lhes mostrar que precisam ter essas mesmas qualidades para ser bem-sucedidas na vida.

Os chafarizes são excelentes para criar ch'i, e simbolizam o movimento do dinheiro. Por isso, eles muitas vezes são colocados no lado de fora da entrada principal de edifícios onde o objetivo é gerar dinheiro. Um chafariz no lado de fora da porta de entrada da casa criará ch'i e aumentará a riqueza dos moradores.

A Iluminação

A iluminação externa é uma solução feng shui muito útil para edifícios e para terrenos de formato irregular. Pode-se usar uma lâmpada para preencher simbolicamente a área vazia de uma casa de formato em L. Se o terreno for em L, o remédio é colocar uma lâmpada no canto que confronta o pedaço de terra que falta.

A iluminação atrás da casa é uma solução eficaz para outros terrenos de formato irregular.

Luzes também podem ser usadas para promover o equilíbrio nos casos em que a casa foi construída num dos lados do lote.

O Espelho Ba-guá

O espelho ba-guá tem o objetivo de refletir os shars de volta para seu ponto de origem. Os espelhos são considerados yin, e passivos, mas os espelhos ba-guá são yang, e ativos. Conseqüentemente, eles devem ser usados com cuidado. Veja se é possível solucionar o problema com outros métodos primeiro, e use o espelho ba-guá como último recurso.

Soluções Internas

As Luzes

Tudo o que capta ou reflete luz pode ser usado como remédio. Acessórios iluminados, cristais e espelhos são todos soluções eficazes. Eles podem ser usados para atrair ch'i para cantos escuros ou para qualquer área que você queira ativar.

Pode-se usar espelhos para refletir internamente vistas externas bonitas. Se você tiver uma vista agradável de água ou de uma paisagem rural, use um espelho para levar essa boa fortuna para dentro de casa, atraindo assim ch'i benéfico em abundância.

Os espelhos duplicam simbolicamente o que vêem; podemos usá-los para fazer com que peças pequenas pareçam grandes ou para refletir em dobro a quantidade de comida posta sobre a mesa da sala de jantar, aumentando as sensações de abundância.

Os espelhos também podem ser usados para corrigir cômodos com formato em L. Quando colocados nas duas paredes compridas, eles eliminam o shar, suprimindo simbolicamente o ângulo.

De modo geral, os espelhos devem ser tão grandes quanto possível. Espelhos pequenos cortam simbolicamente cabeças e pés. Todos os espelhos são benéficos, porém; o que não significa que você deva instalá-los em número excessivo.

Os cristais também são muito úteis porque atraem o ch'i e o refletem em todas as direções. Um lustre de cristal é um verdadeiro ímã para o ch'i. Vasos de cristal, pesos de papel e outros objetos decorativos feitos de cristal produzem exatamente o mesmo efeito, e são extremamente benéficos para criar harmonia, alegria e felicidade.

As Plantas

As plantas são tão úteis internamente quanto externamente. Sem dúvida, elas precisam ser sempre bem-cuidadas e passar a impressão de saúde e viço. Vasos de plantas e flores frescas criam ch'i em abundância e tornam o ambiente aprazível.

Flores artificiais de boa qualidade também são eficazes, mas devem ser conservadas limpas. Evite flores desidratadas, pois o fato de não terem água cria um ch'i muito negativo.

Além de estimularem o ch'i, as plantas simbolizam vida, crescimento e progresso crescente.

As plantas removem shars em potencial criados por ângulos agudos, colunas quadradas e corredores compridos.

Flores frescas ativam todas as áreas da casa. Elas são especialmente eficazes nas áreas do Casamento, da Família e dos Mentores.

A Água e os Peixes

A água é sumamente positiva no feng shui. Entretanto, não convém usá-la em excesso, especialmente se você for do elemento Fogo. Pequenos chafarizes para ambientes fechados vêm se tornando muito populares e são excelentes ativadores de ch'i. Além de criar ch'i, eles são atraentes e produzem movimento.

Os aquários também são benéficos, tanto por causa da água como dos peixes. Os peixes, como as plantas, são vivos e simbolizam crescimento, progresso crescente, riqueza e abundância. São comuns na Ásia tanques com tartarugas e peixes dourados nos jardins dos templos. A tartaruga simboliza a longevidade e os peixes representam a riqueza. Lá também se vêem estátuas de peixes nos telhados dos templos, ali colocadas para proteção contra incêndios. O peixe também simboliza liberdade com relação às restrições e é considerado um símbolo sagrado no budismo.[4]

Não há necessidade de um peixe de verdade para simbolizar a prosperidade. Um quadro ou um enfeite com a configuração de um peixe produzem os mesmos benefícios. Tenho um peixe de cerâmica em meu escritório.

Como já mencionei, oito peixes dourados e um peixe preto perfazem o número perfeito. Dois peixes, porém, representam harmonia no casamento e são freqüentemente usados como símbolo de bênção para recém-casados.

Os Sons

Harpas eólias (também chamadas mensageiros dos ventos) e sinos são remédios eficazes. A vantagem das harpas eólias é que podemos encontrá-las numa ampla variedade de materiais, e também pintá-las para combinarem com o elemento pessoal. É fundamental que os tubos sejam ocos para que o ch'i circule através deles.

Onde quer que haja brisa, ouve-se um som agradável que lembra às pessoas que o ch'i está fluindo.

Os sinos também são úteis. Naturalmente, como é preciso dar pequenas pancadinhas ou chacoalhá-los para que criem um som agradável, eles são menos usados que as harpas eólias. No Extremo Oriente, podemos também encontrar casas com gongos cerimoniais. Esses são usados como um símbolo de que a riqueza da família passa de uma geração a outra. Eles são geralmente mantidos na sala de jantar para representar abundância de alimentos. Sinos e gongos são especialmente úteis para criar um espaço sagrado, pois o som deles ressoa por toda a casa.[5]

As flautas de bambu são uma solução simples para vigas expostas. Penduram-se duas flautas de bambu em cada viga. Tradicionalmente, elas ficam presas por uma fita vermelha e dispostas de modo a formar um ângulo entre si, com os bocais voltados para baixo. Obviamente, essas flautas não são usadas para se tocar. No entanto, o som puro e doce da flauta eleva o espírito de quem o ouve. Ele também aumenta a confiança, a auto-estima e faz com que as pessoas se sintam seguras e protegidas.

Como o rádio e a televisão produzem sons agradáveis, eles podem ser usados como soluções no feng shui, mas sempre com muito cautela, porque também podem criar ch'i negativo quando os sons são desarmoniosos.

Objetos Móveis

Móbiles, cataventos, portas giratórias e ventiladores compõem esta categoria. Os móbiles e os cataventos têm um aspecto atraente e se movem suavemente com a brisa. Às vezes, eles são usados como alternativa às harpas eólias, especialmente porque alguns praticantes de feng shui não gostam de harpas dentro de casa, preferindo usá-las externamente. Eu sempre gostei de harpas eólias dentro de casa e considero-as muito benéficas.

Portas giratórias funcionam como cura para os shars criados por corredores compridos e por outras linhas retas que dão diretamente para a porta.

Os ventiladores mantêm o ch'i em movimento, não deixando que ele se torne estático ou estagnado. Eles são muito importantes para dispersar odores e para renovar o ar de peças pouco usadas.

Objetos Pesados

Objetos pesados, como pedras, estátuas e móveis de grande porte, são usados para dar equilíbrio a áreas excessivamente yin, ou planas. Podem-se usá-los também para harmonizar um cômodo que tenha a mobília concentrada num dos lados.

Avalie cuidadosamente a área com problemas antes de introduzir nela objetos pesados. Às vezes, basta alterar a posição dos móveis para obter o equilíbrio desejado, não havendo então necessidade de acrescentar objetos grandes ou pesados.

As Cores

As cores relacionadas com cada um dos cinco elementos são usadas para criar harmonia e equilíbrio no lar. Os cômodos principais devem ter cores relacionadas com o elemento pessoal do chefe da família, enquanto as demais peças devem refletir o elemento da pessoa que mais as utilizem. Naturalmente, você deve usar cores que reflitam seu gosto pessoal, e estas talvez nem sempre correspondam às cores indicadas pelo Ciclo da Criação. Felizmente, tudo o que se precisa para satisfazer as necessidades do elemento pessoal do ocupante são alguns pequenos objetos na cor adequada.

O teto deve ser pintado com cores claras e leves. Cores escuras simbolizam uma nuvem pairando sobre os ocupantes, produzindo uma sensação opressiva e criando ch'i estagnado.

O vermelho é considerado uma cor de sorte. É por isso que a decoração dos restaurantes chineses muitas vezes é vermelha e dourada. Pacotes vermelhos contendo dinheiro são distribuídos para os empregados e para as crianças durante o Ano-Novo Lunar.

O dourado simboliza riqueza e prosperidade.

O verde está relacionado com a primavera, a estação do renascimento. Por isso, ele simboliza estímulo e crescimento.

O preto é habitualmente considerado uma cor negativa, mas pode ser uma opção excelente, especialmente para as pessoas do elemento água. Naturalmente, ele precisa ser usado com cuidado, mas resultados surpreendentes podem ser obtidos com ele.

A escolha da cor é uma questão muito pessoal e a avaliação estética que você faz pessoalmente é mais importante do que as cores que se relacionam aos cinco elementos.

Capítulo 9

Receitas para a Felicidade

O doce leite da adversidade, a filosofia.
— William Shakespeare, *Romeu e Julieta*, Ato 3, cena 3

Os chineses têm uma filosofia e uma visão de vida únicas. As condições foram extraordinariamente difíceis durante milhares de anos e a vida era uma luta permanente, só para sobreviver. De fato, a vida devia parecer sem sentido, até que as pessoas começaram a viver em harmonia com a terra, em vez de enfrentá-la.

Os chineses foram desenvolvendo uma filosofia de vida no decorrer de séculos, uma filosofia baseada na aceitação do que a vida oferece. Não havia necessidade de batalhar pela riqueza ou pela fama; a vida podia ser extraordinariamente rica se a pessoa fosse desprendida, acolhedora. Com essa atitude, a pessoa seria felicíssima, a despeito do que lhe acontecesse.

Os dois filósofos mais famosos da história chinesa foram Lao-Tsé e Confúcio. Chama a atenção o fato de que três dos maiores pensadores de todos os tempos nasceram com uma diferença de 20 anos entre um e outro. Lao-Tsé nasceu em torno de 570 a.C., Buda, em 563 e Confúcio, em 551. A data de nascimento de Lao-Tsé é aproximada, mas ele foi contemporâneo de Buda e de Confúcio, conforme registros de numerosas repreensões que ele fez a Confúcio quando este o visitou na juventude.

A influência de Lao-Tsé e de Confúcio sobre o pensamento chinês é incalculável.

Lao-Tsé

Os chineses são um povo pragmático, prático, "com os pés no chão", que produziu muito poucos místicos. O mais famoso foi Lao-Tsé, que viveu há cerca de 2.500 anos. Ele é o autor do *Tao Te Ching* (O Caminho).[1] A Lao-Tsé atribui-se a fundação do taoísmo, o que não é exatamente correto, pois o taoísmo começou bem antes de ele nascer.[2]

Pouco se conhece da vida de Lao-Tsé. Acredita-se que ele tenha vivido até a idade de 160 anos. Em determinado período ele foi curador da Biblioteca Nacional, em Luoyang, capital da Dinastia Chou na época.[3]

Já idoso, acredita-se que ele tenha recebido uma visita de Confúcio, ocasião em que repreendeu o jovem por este ser excessivamente orgulhoso e ambicioso. Confúcio ficou tão impressionado com o velho sábio que o comparou a um dragão que pode subir nas alturas e voar sobre ventos e nuvens.[4]

Originariamente, a palavra Tao significava uma linha de ação específica, provavelmente militar, pois o ideograma combina "pé" com "líder".[5] Lao-Tsé interpretou o tao como sendo o caminho, a essência do universo. Num poema, ele descreve o caminho como um vazio que não pode ser preenchido, mas do qual tudo provém.

RECEITAS PARA A FELICIDADE **99**

Lao-Tsé sustentava que seus ensinamentos eram fáceis de ser seguidos e postos em prática. Entretanto, o tipo de linguagem que ele adotou dificultava a compreensão por parte das pessoas comuns. As incontestáveis interpretações através dos séculos às vezes ameaçaram esconder o que era essencialmente um modo perfeito de viver. Ainda assim, ele tem sido respeitado e venerado através dos tempos por suas idéias e por sua filosofia. Os confucionistas o consideravam um grande filósofo, os taoístas o tinham como divino e as pessoas comuns o cultuavam como "um santo ou um deus".[6]

Lao-Tsé tem muito a dizer sobre a arte de viver, e seu livro, o *Tao Te Ching*, talvez possa ser considerado uma receita para a felicidade.

Seja Humilde

Lao-Tsé utiliza a analogia da água para explicar esse conceito. Ele diz que embora não exista nada mais mole do que a água, nada a supera para enfraquecer e desgastar o que é duro. Em outras palavras, o fraco pode vencer o forte, e o suave pode superar o rígido.

Lao-Tsé diz que um homem bom é como a água. A água nutre e mantém a vida, mas nunca tenta conquistar os pontos elevados. Ela se contenta em fluir nos lugares baixos, porque sabe que os grandes oceanos dominam todas as correntes e rios unicamente porque estão numa posição menos elevada.

Se quiser receber, primeiro você precisa dar. Você precisa ser humilde, colocando-se abaixo dos outros se quiser estar acima deles. Jesus seguia essa mesma filosofia e a demonstrou quando lavou os pés de seus discípulos. Pondo-se abaixo deles, na verdade ele mostrou que estava acima.

Portanto, você não precisa lutar e se estressar para progredir. Você deve manter-se calmo e sereno, e trabalhar diligentemente até que o momento certo se apresente. Agarre então esse momento e atinja suas metas de modo natural e livre de pressões.

Tenha Compaixão

Lao-Tsé relacionou três tesouros: a compaixão, a frugalidade e o desinteresse em ser o primeiro.

Tendo compaixão, você se interessará pelo bem-estar das outras pessoas. Isso significa que você não se esquecerá delas enquanto procura progredir.

Sendo frugal, você pode usar melhor seus próprios recursos.

Ao não disputar pela primeira posição, é provável que você chegue a ela.

Lao-Tsé ilustra esses conceitos explicando que, enquanto a pessoa vive, seu corpo é mole e flexível, mas quando ela morre, o corpo fica duro e rígido. As plantas também são maleáveis quando estão vivas, mas ficam secas e quebradiças quando morrem.

Conseqüentemente, ser rígido e inflexível é como estar morto. Mantendo-se dócil e flexível, e preparado para dobrar-se ou ceder quando for necessário, você acabará por alcançar o sucesso.

Para Lao-Tsé, um bom general é aquele que faz guerra somente quando não há outra alternativa e que a interrompe assim que o objetivo é alcançado. Ele não sente prazer na vitória, porque não é de sua índole matar outras pessoas. O general Norman Schwartzkopf é um bom exemplo atual de uma pessoa assim.

Limite seus Desejos

Lao-Tsé escreve que as pessoas que tomam menos terão mais. As pessoas que querem demais acabam tornando-se obcecadas, e seus desejos assumirão o controle. A cobiça sem limites é o maior dos vícios. Para Lao-Tsé, não podia haver infortúnio maior do que ter desejos insaciáveis.

Se você está contente com o que tem, isso será suficiente e você será feliz. Você tem paz de espírito quando seus desejos são poucos.

Distancie-se de Si Mesmo

Quando você está muito próximo do seu ego, sua tendência é preocupar-se e ficar ansioso com relação às coisas externas. A vida fica mais harmoniosa quando você se esquece de si mesmo. Você usufruirá melhor a vida quando parar de pensar em si.

Quanto mais você fizer pelos outros, mais receberá. Deixando de ser egoísta, suas metas se concretizarão. Só uma pessoa realmente altruísta poderia governar o mundo com sucesso.

Dê um Passo por Vez

É sempre melhor lidar antes com as dificuldades pequenas, para só depois enfrentar as grandes. Se você se propõe a atingir grandes objetivos, estabeleça uma série de pequenas metas que o levem ao objetivo final. É possível que as palavras mais famosas de Lao-Tsé sejam estas: "Uma jornada de mil milhas começa com um pequeno passo."

As pessoas que alcançam grandes coisas não se consideram grandes. Elas planejam o que querem realizar, e estão preparadas para quaisquer dificuldades que surjam no caminho que leva à sua meta. Agindo assim, elas podem lidar com um problema antes que ele se avolume e fuja ao controle.

Essas pessoas sabem que, quanto mais nos aproximamos da meta, mais estamos propensos a falhar. Por isso, elas são tão cuidadosas no final de uma atividade como o eram no início.

Saiba Quando Parar

É sempre melhor parar antes que a taça transborde. Em outras palavras, pare assim que o trabalho esteja concluído. Nunca fale muito, nem fique num lugar mais do que o tempo necessário.

Com paciência, simplicidade e alegria, você terá uma vida saudável e plena de felicidade.

O próprio Lao-Tsé sabia como é difícil pôr esses preceitos em prática.

Confúcio

Confúcio é mais conhecido atualmente por seus aforismas, mas ele era um historiador dedicado, e foi o estudo da história que lhe deu condições de criar sua filosofia. Seu conceito da moral e da ordem social é chamado de *li*, uma palavra que é praticamente intraduzível. Num certo sentido, ela simboliza um mundo perfeito, com todas as coisas ocupando seu devido lugar. Ela também conota integridade, boas maneiras, probidade, e até mesmo fé. Na China, o confucionismo é às vezes chamado de "religião de *li*".[7] Confúcio era conhecido como "O Rei sem Trono",[8] mas também foi condenado e ridicularizado muitas vezes durante a vida.

O confucionismo é uma filosofia que prega a ética pessoal, a empatia e uma profunda compaixão pelo próximo. Confúcio acreditava que, ensinando o homem a ser honesto e a ter compaixão, o mundo seria um lugar muito mais feliz e harmonioso. Ele chamava as pessoas honestas e compassivas de "homens superiores".

Confúcio descrevia um homem superior dizendo que ele era uma combinação de três tipos diferentes de homem: um homem verdadeiro, um homem sábio e um homem corajoso. Segundo ele, um homem verdadeiro não tem preocupações, um homem sábio não tem confusão e um homem corajoso não tem medo de nada.

Seus seguidores perceberam que esse perfil descrevia o próprio Confúcio. Ele, todavia, não se considerava um homem de sucesso, admitindo apenas ter tentado o melhor que podia. Isso provavelmente se deva ao fato de ele nunca ter sido indicado para uma posição importante, o que o fazia sentir-se desvalorizado.

No entanto, apesar de Confúcio não ter sido bem-sucedido durante a vida, seu legado ainda é forte na China atual e contém lições valiosas para todos nós. A cooperação e a lealdade dentro da unidade familiar e uma intensa preocupação social beneficiam a todos e não causam mal a ninguém.

Os chineses acreditam que alcançamos uma forma de imortalidade quando deixamos o mundo melhor do que o encontramos ao nascer. Com isso, deixamos uma "fragrância" que durará por cem gerações. Se cuidarmos da família e dos amigos, se continuarmos aprendendo durante toda a vida e se tivermos um código de integridade estrito, seremos felizes e bem-sucedidos e teremos uma vida digna de ser vivida.

Capítulo 10

Direções Favoráveis e Desfavoráveis

Feliz o homem, e ele somente,
Que pode dizer que o hoje lhe pertence;
Ele que, intimamente seguro, pode dizer,
Faze amanhã o teu mal, pois hoje eu vivi.
— John Dryden, traduzindo Horácio

Todos nós temos quatro direções favoráveis e quatro desfavoráveis, determinadas pelo ano do nosso nascimento. Se você já visitou o Oriente, provavelmente percebeu o interesse dos asiáticos pelos jogos de azar. A direção da prosperidade é uma das favoráveis, e eles gostam de ficar de frente para essa direção enquanto jogam. Já vi dois jogadores discutindo numa ocasião em que ambos queriam ficar voltados para a mesma direção.

O feng shui da Escola da Bússola utiliza os oito trigramas do I Ching para determinar nossas direções favoráveis e desfavoráveis. Os oito trigramas compreendem todas as combinações possíveis de linhas partidas e de linhas inteiras. As linhas inteiras representam a energia yang (masculina). As linhas partidas estão relacionadas com a energia yin (feminina).

Há uma fórmula bem simples para saber a que trigrama você pertence.

106 FENG SHUI

Sendo do sexo masculino, subtraia de 100 os dois últimos dígitos do ano de nascimento, e divida o resultado por nove. Ignore a resposta; o importante é o resto da divisão.

Por exemplo, se você nasceu em 1957, subtraímos 57 de 100, o que dá um resultado de 43. Dividimos 43 por 9; a resposta é 4, com 7 de resto. Seu trigrama é Tui.

Outro exemplo, agora com um homem nascido em 1964: $100 - 64 = 36$; $36 \div 9 = 4$. A conta é exata, sem resto. Esse homem é uma pessoa Li.

Sendo mulher, subtraia 4 dos dois últimos dígitos do seu ano de nascimento e divida o resultado por 9. Também aqui, o importante é o resto.

Exemplo de uma mulher que nasceu em 1944. Subtraímos 4 de 1944, o que dá 40. Dividimos 40 por 9, o que dá como resultado 4 com um resto também de 4. Ela é, portanto, Sun.

Determinamos o trigrama a que uma pessoa pertence usando o resto e reportando-nos à tabela seguinte:

Se o resto for **um,** a pessoa é **K'an.**
Se o resto for **dois,** a pessoa é **K'un.**
Se o resto for **três,** a pessoa é **Chen.**
Se o resto for **quatro,** a pessoa é **Sun.**
Se o resto for **cinco,** a pessoa é **K'un,** se for homem, ou é **Ken,** se for mulher.
Se o resto for **seis,** a pessoa é **Chien.**
Se o resto for **sete,** a pessoa é **Tui.**
Se o resto for **oito,** a pessoa é **Ken.**
Se **não** houver resto, a pessoa é **Li.**

Cada trigrama tem um significado e se relaciona com um diferente espaço da casa.

Chien

CHIEN – O Criativo

Chien é composto de três linhas inteiras (yang). Ele está relacionado com o chefe da família, geralmente o pai, e com as peças que ele gosta de usar, como o gabinete de trabalho, o escritório ou o quarto principal da casa. A direção de Chien é o noroeste.

K'un

K'UN – O Receptivo

K'un se compõe de três linhas partidas (yin), e simboliza as qualidades maternais. Por isso, ele está relacionado com a mãe e com os cômodos que ela geralmente ocupa, como a cozinha e a sala de costura. A direção de K'un é o sudoeste.

Chen

CHEN – O Incitar

Chen é composto de duas linhas partidas sobre uma linha inteira. Ele representa o leste e o filho mais velho. Por isso, é bom que o quarto desse filho fique nesse lado da casa.

Sun

SUN – A Suavidade

Sun é formado por uma linha partida sob duas linhas inteiras. Ele representa a posição sudeste e a filha mais velha. Portanto, convém que o quarto dessa filha fique na parte sudeste da casa.

K'an

K'AN – O Abismal

K'an é constituído de uma linha inteira entre duas linhas partidas. Ele representa o norte e o filho do meio. É recomendável, então, que o quarto desse filho se localize nessa direção da casa.

Li

LI – O Aderir

Li compreende uma linha yin partida entre duas linhas yang inteiras. Li representa o sul e a filha do meio. O quarto dela deve ficar na parte sul da casa.

Ken

KEN – A Quietude

Ken é formado de duas linhas yin partidas embaixo de uma linha yang inteira. Ele representa o nordeste e o filho mais novo. O quarto desse filho deve estar nessa parte da casa.

Tui

TUI – A Alegria

Tui consiste em duas linhas inteiras sob uma linha partida. Ele representa o oeste e está relacionado com a filha mais jovem. Convém, então, que o quarto dessa filha esteja nessa parte da casa.

As Quatro Casas do Leste e as Quatro Casas do Oeste

Os trigramas podem ser divididos em dois grupos: as Quatro Casas do Leste (Li, K'an, Chen e Sun) e as Quatro Casas do Oeste (Chien, K'un, Ken e Tui). Os trigramas das Quatro Casas do Leste pertencem aos elementos Fogo, Água e Madeira que, como você já sabe pelo Ciclo da Criação, formam um grupo altamente compatível. Os trigramas das Quatro Casas do Oeste pertencem aos elementos Terra e Metal, que também são altamente harmoniosos.

Você será mais feliz numa casa que pertença ao mesmo grupo a que você pertence. Por exemplo, se você for Tui, é provável que você seja mais feliz numa casa Tui. Entretanto, você também será muito feliz numa casa Chien, K'un ou Ken, porque esses trigramas pertencem ao mesmo grupo (Quatro Casas do Oeste) que você.

A casa adequada para você depende da direção para a qual a parte de trás da construção está voltada. No feng shui, essa é conhecida como a direção em que a parte de trás "assenta-se". As direções estão indicadas no quadro a seguir:

Uma casa LI assenta-se no sul e está voltada para o norte.

Uma casa K'UN assenta-se no sudoeste e está voltada para o nordeste.

Uma casa TUI assenta-se no oeste e está voltada para o leste.

Uma casa CHIEN assenta-se no noroeste e está voltada para o sudeste.

Uma casa K'AN assenta-se no norte e está voltada para o sul.

Casa	Chien	K'un	Ken	Tui	Li	K'an	Chen	Sun
Assentada para	NO	SO	NE	O	S	N	L	SE
Direções Favoráveis								
1. Apogeu	NO	SO	NE	O	S	N	L	SE
2. Saúde	NE	O	NO	SO	SE	L	N	S
3. Longevidade	SO	NO	O	NE	N	S	SE	L
4. Prosperidade	O	NE	SO	NO	L	SE	S	N
Direções Desfavoráveis								
5. Morte	S	N	SE	L	NO	SO	O	NE
6. Desastre	SE	L	S	N	NE	O	SO	NO
7. Seis Shars	N	S	L	SE	SO	NO	NE	O
8. Cinco Fantasmas	L	SE	N	S	O	NE	NO	SO

Figura 10A: Direções Favoráveis e Desfavoráveis

DIREÇÕES FAVORÁVEIS E DESFAVORÁVEIS **113**

Uma casa KEN assenta-se no nordeste e está voltada para o sudoeste.

Uma casa CHEN assenta-se no leste e está voltada para o oeste.

Uma casa SUN assenta-se no sudeste e está voltada para o noroeste.

Conseqüentemente, é provável que você seja imensamente feliz se você for uma pessoa Li e se a porta da frente de sua casa estiver voltada para o norte. Entretanto, você também seria feliz numa casa com a porta da frente voltada para o sul, para o oeste ou para o noroeste, uma vez que todas essas são direções que se harmonizam bem com pessoas que pertencem ao grupo das Quatro Casas do Oeste.

Agora que você já sabe qual é seu trigrama pessoal, localize suas direções favoráveis e desfavoráveis olhando na Figura 10A. Todas as casas têm quatro direções favoráveis e quatro direções desfavoráveis. Numa casa Tui, por exemplo, que está voltada para o leste e tem os fundos para o oeste, as direções favoráveis são o oeste, o sudoeste, o nordeste e o noroeste. As direções desfavoráveis são o leste, o norte, o sudeste e o sul.

Direções Favoráveis

É uma boa idéia voltar-se para uma de suas quatro direções favoráveis ao fazer alguma coisa importante, como fechar um negócio ou assinar documentos.

Felizmente, há um modo simples de determinar suas direções favoráveis. Se o seu trigrama pertence ao grupo das Quatro Casas do Leste, as quatro direções do leste são favoráveis para você (sul, norte, leste e sudeste). Se o seu trigrama pertence às Quatro Casas do Oeste, as quatro direções do oeste lhe são favoráveis (noroeste, sudoeste, nordeste e oeste).

Seria bom que a porta da frente de sua casa estivesse voltada para uma das direções favoráveis suas. O mesmo deveria acontecer com a porta de seu quarto de dormir e com a porta do forno.

Apogeu

O local do apogeu é bom e é sempre a direção para a qual a casa está voltada. Ele é geralmente conhecido como *Fu Wei* (que significa "vida boa"). Ele se relaciona com a felicidade e a alegria. Esta parte da casa é muito apropriada para quartos de dormir. Todavia, acredita-se que, se seu quarto se localiza aqui, você terá mais descendentes masculinos do que femininos. As pessoas que ocupam cargos administrativos podem beneficiar-se tendo suas mesas de trabalho voltadas para o local do apogeu.

Saúde

O local da saúde costuma ser chamado de *Tien Yi* (que significa "médico celestial". Essa área gera vitalidade e boa saúde. Esta é uma localização excelente para o quarto principal da casa, como também para a sala de jantar, porque introduz bons amigos em nossa vida. Acredita-se que é muito benéfico ter a porta do forno voltada para essa direção.

Se você tiver algum problema de saúde, oriente sua cama para essa direção.

Longevidade

O local da longevidade costuma ser conhecido como *Nien Yi* (que significa "uma longa vida com muitos descendentes"). Essa área cria paz, harmonia e boa saúde, e está voltada de modo especial para as relações familiares. Este é um lugar excelente para quartos de familiares idosos e uma boa localização para as salas de jantar e de estar. Estimule esse setor sempre que houver problemas de relacionamento entre os familiares.

Prosperidade

Este é o setor mais auspicioso da casa. É habitualmente conhecido como *Sheng Chi* (que significa "gerando bom ch'i"). Ele representa progresso futuro, entusiasmo, energia e sucesso financeiro. Este é um bom ponto para a porta da frente, para a porta da cozinha, para o escritório e para qualquer outra peça em que sejam resolvidas as questões financeiras dos moradores. As perspectivas financeiras melhoram quando esse local é ativado. Na verdade, acredita-se que se essa parte da casa receber atenção, os moradores obterão grande riqueza.

A direção da prosperidade é a mais importante de todas. Você terá sucesso garantido se conseguir orientar as coisas importantes de sua vida nessa direção, ao mesmo tempo em que evita todo shar existente. Para isso, oriente para essa direção a cabeceira da cama, a porta principal da casa e o trajeto que você percorre para chegar ao trabalho.

Direções Desfavoráveis

Todas as direções desfavoráveis se constituem em bons locais para banheiros e lavabos, uma vez que o ch'i negativo "escoa" pelo esgoto dessas peças.

Morte

O local da morte é o pior da casa, e o pior possível para a porta da frente. Acredita-se que a sua família terá problemas de saúde e perderá dinheiro e reputação se a porta da frente estiver voltada para essa direção. Esse local é conhecido como *Chueh Ming*, que significa "catástrofe total".

Desastre

O local do desastre está relacionado com disputas, com a raiva, a agressão e com problemas legais. É muito conhecido como *Ho Hai*, que significa "acidentes e perigo". O local é bom para uma despensa, um depósito, um banheiro ou um lavabo. Se sua cama apontar nessa direção, você está sujeito a sofrer pequenos contratempos.

Seis Shars

O local dos Seis Shars tem relação com adiamentos, escândalos, problemas legais e perdas, e é conhecido como *Lui Shar*, que significa "seis mortes." Este é um bom local para a cozinha e para o banheiro ou lavabo.

Cinco Fantasmas

O local dos cinco fantasmas relaciona-se com o fogo, com furtos e com dificuldades financeiras, e também com rixas e discussões. Ele é geralmente conhecido pelo nome *Wu Kuei*, que significa "cinco fantasmas." Caso a porta da frente de sua casa estiver voltada nessa direção, você pode ser vítima de incêndio ou alvo de furtos.

A Porta de Entrada

Para futuras referências, relaciono abaixo as melhores direções para a porta principal da casa:

Se você for uma pessoa KAN...

... a direção sul significa que você será bem-sucedido financeiramente.

...a direção sudeste significa que você terá muitos descendentes.

Se você for uma pessoa K'UN...

...a direção noroeste favorecerá um casamento longo e feliz.
...a direção nordeste ou oeste lhe trará fama, honra e reconhecimento.

Se você for uma pessoa CHEN...

...a direção sudeste significa promoção rápida e filhos obedientes.
...a direção sul ou norte significa que a riqueza virá com pouco esforço.

Se você for uma pessoa SUN...

...a direção leste significa que seus filhos terão bom desempenho escolar.
...o sul ou o norte significa que você se dará bem financeiramente e que seus descendentes se beneficiarão com seu trabalho árduo.

Se você for uma pessoa CHIEN...

...o sudoeste significa que você terá sucesso financeiro.
...o nordeste ou o oeste significam que a fortuna que você fizer durará por várias gerações.

Se você for uma pessoa TUI...

...o nordeste significa que sua fortuna aumentará continuamente.

...o noroeste e o sudoeste significam que você se beneficiará financeiramente e que aumentará sua riqueza.

Se você for uma pessoa KEN...

...a direção oeste favorece uma vida familiar feliz e muitos descendentes.

...as direções noroeste e sudoeste significam que sua vida será abundante em todos os aspectos.

Se você for uma pessoa LI...

...a direção norte significa que você terá sucesso financeiro.

...as direções leste e sudeste significam que seus filhos serão bem-sucedidos academicamente.

O uso de suas direções favoráveis pode ajudar de várias maneiras a sua vida. Se você as aplicar nos momentos certos, seu progresso na vida será mais suave, mais feliz e muito mais fácil.

Capítulo 11

Juntando as Partes

Afirmamos estas verdades evidentes por si mesmas, que todos os homens nascem iguais e que são dotados pelo Criador com certos direitos inalienáveis, entre os quais estão a vida, a liberdade e a busca da felicidade.

— Declaração de Independência Americana

As pessoas me pedem para fazer o feng shui de suas casas por muitas razões. Geralmente, é porque elas sentem que alguma coisa não vai bem, mas não sabem exatamente o que é. Freqüentemente elas pedem uma avaliação de feng shui para melhorar sua situação financeira, ou para atrair — ou melhorar — um relacionamento. Raras são as que pedem um estudo apenas com o objetivo de ter mais felicidade. Todas, no entanto, constatam que sua vida se torna mais rica, mais feliz e mais harmoniosa depois que implantam as mudanças necessárias.

Lembro dois casos apenas em que as pessoas me pediram uma avaliação para aumentar a felicidade.

O primeiro foi o de um compositor de meia-idade, chamado Stefan, que vivia com uma companheira quase 25 anos mais jovem que ele. Mônica era sua musa inspiradora;

a produtividade de Stefan aumentou de modo extraordinário durante os três anos que estiveram juntos. A casa era agradável e confortável, e refletia seus interesses e personalidade. Eles pareciam muito íntimos e, à primeira vista, perfeitamente felizes.

— Isso é o que todos pensam — disse Stefan, ao nos sentarmos em seu jardim, cuidadosamente cultivado. — Mas somos felizes só quando estamos sozinhos. Sempre que saímos, as pessoas parecem reagir negativamente a nós. Talvez seja ciúme, talvez não gostem de ver um homem mais velho com uma bela jovem... não sabemos.

Durante a conversa, descobri que Stefan tivera uma carreira muito sofrida devido ao ciúme de seus colegas de profissão. Ele compunha música comercial e se saíra bem financeiramente. Seus colegas músicos achavam que ele "se vendera" e que suas composições não eram música "verdadeira". Isso magoava Stefan, mas ele se acostumara.

Mônica, uma jovem de 25 anos e notavelmente atraente, era desenhista de modas. Ela ganhara seu primeiro prêmio ainda na faculdade, e desde então se tornara muito conhecida. Ela estava muito satisfeita com o seu negócio e sentia os mesmos problemas que Stefan.

Não me surpreendi que essas duas pessoas talentosas tivessem se encontrado, porque ambas sabiam exatamente pelo que a outra estava passando.

— Logo que começamos a sair juntos, tudo mudou — disse Stefan. — As pessoas achavam que se tratava apenas de um relacionamento baseado em sexo e que tudo terminaria em poucos meses. O fato de termos ficado juntos e de estarmos mais próximos do que nunca deixa as pessoas loucas. Por que elas não podem nos deixar em paz?

— Elas não gostam do fato de que somos felizes — disse Mônica. — Quando saímos, sentimos que as pessoas falam de nós pelas costas. Algumas chegam a fazer comentários de propósito, sabendo que as estamos ouvindo.

— Por isso, falta pouco para sermos eremitas — disse Stefan. — Só somos felizes de fato quando estamos em casa sozinhos.

Eles moravam num belo apartamento no andar térreo, com vista para uma enseada. Uma fonte externa próxima da entrada principal do condomínio fornecia ch'i em abundância. O acesso ao apartamento se fazia pelo saguão principal ou, então, seguindo um caminho que serpeava por um gramado e que dava diretamente numa varanda externa contígua à sala de estar.

O apartamento tinha três quartos. O casal usava o quarto principal para dormir e os outros dois para as atividades profissionais. O apartamento era grande, mas a sala de estar estava atravancada de materiais relacionados com o trabalho deles.

— Ambos temos a tendência de usar a sala de estar como espaço de trabalho — disse Stefan. — Eu toco para Mônica enquanto ela desenha, e isso parece nos ajudar — acrescentou ele, olhando em volta da peça. — Em geral é muito pior que isso; limpamos um pouco antes de você chegar.

Stefan e Mônica realmente queriam que as pessoas parassem de falar deles pelas costas. Eles tinham certeza de que não estavam sendo paranóicos, como observavam deliberada e sarcasticamente em sua presença algumas pessoas.

— Estamos ambos nos saindo bem em nossas atividades — disse Stefan. — E ambas são ocupações relacionadas com o público, que produzem notícia. Assim, temos de esperar que pessoas menos bem-sucedidas tentem nos derrubar. Isso acontece sempre que alguém faz sucesso. Veja Salieri e Mozart. Salieri tinha ciúmes de Mozart e tentou difamá-lo. Não é esse tipo de coisa que nos preocupa, mas os comentários que as pessoas fazem sobre nós e sobre nosso relacionamento. Sei que tenho idade para ser pai de Mônica, mas eu a amo e ela me ama. Imagino que seremos sempre objeto de intrigas, mas isso já foi longe demais.

— Se pudermos reduzir os comentários negativos, vocês seriam mais felizes? — perguntei.

— Seríamos tão felizes que nem saberíamos o que fazer! — exclamou Mônica.

Comecei minha avaliação percorrendo o apartamento (ver Figura 11A). Era bem iluminado e recebia a luz do sol durante todo o dia. Junto à porta da frente, voltada para o norte, eu podia ver, através das portas de vidro, a sala de estar e o ancoradouro além dela, mais ao fundo. Em geral, esse fator é negativo, porque o ch'i benéfico que entra pela porta da frente se dispersa imediatamente pela porta dos fundos. Nesse caso, porém, havia uma entrada maior de ch'i pelas largas portas corrediças do que pela porta principal. Um grande lustre de cristal no meio da sala de estar atraía ch'i de ambas as entradas e o refletia para todo o apartamento. O lustre atuava como remédio, embora nessa situação específica não houvesse necessidade de nenhuma cura.

A sala de estar era retangular, com uma cozinha em plano aberto à direita. Felizmente, a cozinha não era visível da porta de entrada. Stefan e Mônica tinham quatro banquinhos junto à área onde faziam as refeições, que era arredondada, mas não havia mesa de jantar.

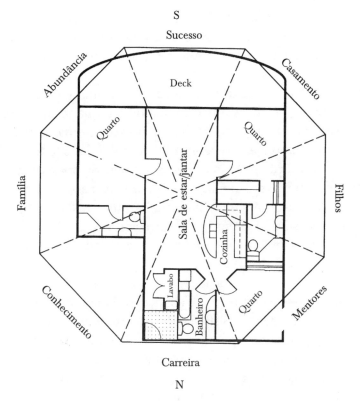

Figura 11A: Planta Baixa do Apartamento de Stefan e Mônica

— Quase sempre comemos fora de casa — explicou Stefan. — Praticamente não recebemos visitas.

— É por isso que a sala de estar normalmente fica em desordem — acrescentou Mônica.

Stefan envolveu-a com o braço.

— Isso é verdade, mas o motivo principal é que somos muito ocupados. Não temos tempo para cozinhar.

Um confortável sofá de couro ocupava um terço do quarto mais próximo ao *deck*. Ele estava muito bem colocado, de modo que alguém que nele sentasse tinha uma bela visão da enseada.

À esquerda ficava o escritório de Stefan, que também dava para o *deck*. Essa peça, e também o quarto principal, no lado oposto, tinham banheiros anexos. O quarto principal era confortável e recebia a luz do sol o dia inteiro.

O escritório de Mônica ficava à direita da porta da frente, entre um outro banheiro e a cozinha. Essa era a peça mais escura do apartamento e tinha uma janela que dava para um estacionamento para carros de visitas.

Esbocei rapidamente o quadrado mágico três-por-três sobre a planta do apartamento.

— Seu escritório está na área da Abundância — eu disse a Stefan. — Isso é ótimo, pois é ali que você mais trabalha. Um terço da sala de estar está na área do Sucesso. É bom ter o sofá aqui, pois você pode aumentar sua reputação recebendo pequenos grupos de pessoas nessa parte do apartamento. Exponha também nessa área alguns prêmios e fotografias.

Stefan e Mônica entreolharam-se.

— Nunca exibimos essas coisas — disse Mônica. — Sempre achamos que isso poderia aumentar a inveja das pessoas.

Sacudi a cabeça.

— Não nesta parte da casa. Vocês não precisam mostrar tudo. Escolham uma coisa só de cada um, aquela da qual vocês mais se orgulham.

Fomos para o quarto principal.

— Não poderia estar em melhor local — eu disse. — Esta é a área do Casamento e é perfeita para relacionamentos íntimos. O quarto é bem iluminado e tem uma aparência luminosa e jovial. O único aspecto negativo é o banheiro anexo, que envia ch'i negativo ao quarto.

— O que podemos fazer com relação a isso? — perguntou Mônica.

— Mantenham a porta fechada e coloquem um espelho do lado de fora da porta. Como um espelho grande refletiria a cama, o que não é bom do ponto de vista do feng shui, usem um espelho pequeno, redondo, e fixem-no na porta, a uma altura razoável, de modo que, estando de pé, vocês possam pentear o cabelo, por exemplo.

Voltamos ao escritório de Stefan.

— Aqui está a área problemática — eu disse, indicando o banheiro anexo. — Esse banheiro está na área da Família, que se relaciona com os amigos.

Mônica riu.

— Irão nossas amizades pelo esgoto?

Balancei a cabeça, afirmativamente.

— Num certo sentido, sim. Este quarto precisa de uma correção maior do que o outro. Teoricamente, ele deveria ser eliminado completamente. Como isso não é prático, podemos fazê-lo desaparecer simbolicamente usando um espelho no lado de fora da porta.

— Do modo como faremos no quarto de dormir?

— Vocês podem pôr um espelho maior aqui, porque não há cama com que se preocupar. Coloquem espelhos também nas duas paredes opostas para fazer todo o quarto desaparecer simbolicamente. Melhor ainda seria colocar espelhos nas quatro paredes. Finalmente, procurem usar este banheiro o mínimo possível.

Stefan sacudiu os ombros.

— Não há problema. Não o usaremos mais.

Voltamos para a sala de estar e paramos no centro da peça.

— Esta é a área da Boa Sorte ou Centro Espiritual — eu disse. — Vocês dois estão usando esta área, o que é perfeito, e o lustre de cristal posto aqui envia ch'i para todo o apartamento.

Apontei para os banquinhos perto da cozinha.

— É bom também que vocês façam as refeições juntos aqui.

Mostrei a cozinha.

— A cozinha e o banheiro anexo estão na área dos Filhos.

— Possíveis filhos também estão eliminados pelo esgoto?.

— Exato. Este é um lugar negativo, se vocês querem filhos.

Ambos balançaram a cabeça.

— Meus filhos já são grandes — disse Stefan. — E Mônica quer se dedicar à carreira. Por isso, não planejamos ter filhos; não no momento, pelo menos.

— A área do Conhecimento está no apartamento ao lado — eu disse, indicando a parte que faltava na planta. — Simbolicamente, vocês não têm essa área no apartamento; para solucionar esse problema, é preciso ativar a área do Conhecimento em outra peça. Estou inclinado a fazer isso em seu escritório, Stefan. Basta colocar uma estante de livros logo à esquerda da porta.

"O vestíbulo da entrada e o banheiro estão na área da Carreira. Isso não é tão ruim como parece. Não se vê o banheiro desde a porta principal. Quem chega até essa porta vê parte da sala de estar e a bela paisagem que está além dela. Isso simboliza sucesso e progresso futuro. A única coisa que sugiro é..."

— Mantenham a porta do banheiro fechada — aparteou Mônica.

— Sim, eu faria isso; e também manteria a tampa do vaso sanitário fechada. O que eu gostaria de sugerir é que mantenham essa área do apartamento bem iluminada, porque ela não recebe luz solar direta.

Por fim, fomos ao escritório de Mônica. A escrivaninha e o cavalete de desenho estavam virados para a porta. Grandes armações de luminárias modernas asseguravam uma excelente circulação de ch'i num lugar que seria escuro e sombrio.

— Esta é a área dos Mentores — eu lhes disse. — Com toda essa iluminação, vocês não devem ter problemas em atrair pessoas prestativas.

Mônica concordou com um movimento de cabeça.

— Nunca tivemos problemas com relação a isso.

Visitei-os novamente duas semanas depois para ver se as soluções propostas haviam sido feitas corretamente. Uma Mônica radiante abriu a porta e me fez entrar.

— Está funcionando! — disse ela. — Não posso acreditar como tudo mudou praticamente da noite para o dia.

Stefan saiu do seu escritório e juntou-se a nós. Depois de alguns aperitivos, ele fez um brinde ao feng shui.

— Sabe — ele disse —, eu estava cético. Alguns amigos aplicaram feng shui em casa e diziam que isso mudara a vida deles. Então, pensei, isso não deve fazer mal. Mas eu não esperava que as mudanças fossem tão rápidas, ou radicais. Não poderíamos estar mais felizes.

Stefan e Mônica eram ricos, bem-sucedidos e famosos, e moravam num belo apartamento na melhor parte da cidade. Eles tinham tudo o que o dinheiro pode comprar, mas não eram realmente felizes até fazerem alguns simples ajustes com o feng shui.

O outro exemplo de uma pessoa que também queria ser feliz não poderia ser mais diferente.

Sílvia morava sozinha num bangalô que herdara dos pais. Ela estava com 37 ou 38 anos e morara sempre na mesma casa.

— Meu pai morreu quando eu tinha dez anos — ela me disse. — Não consigo lembrar muita coisa dele, mas ele era afável e amoroso. Quando ele morreu, mamãe entrou em depressão e, de certa maneira, acho que nunca saiu dela. Mamãe ficou inválida nos últimos sete anos de vida, e eu cuidei dela em casa. Ela morreu há quase dois anos.

Sílvia trabalhava numa empresa de importação desde que concluíra o segundo grau, e sua função consistia em providenciar a liberação dos produtos importados junto à alfândega.

— Não fui para a faculdade — ela explicou. — Mamãe não estava bem de saúde, e achei que era melhor ficar em casa cuidando dela. Moramos a dez minutos da firma, e eu podia dar um pulo até em casa na hora do almoço para ver se ela estava bem.

Sílvia se considerava feliz quando sua mãe estava viva, mas agora ela estava sozinha, e praticamente sem amigos. Ela tivera alguns namorados na adolescência, mas recusara outras propostas de namoro desde então.

— Eu quero ter um relacionamento — disse ela. — Mas precisa ser com o homem certo. Ele precisa ser compreensivo e amável, porque sou totalmente inexperiente nessa área. Eu também gostaria de ter alguns amigos. Conheço várias pessoas através do trabalho, mas nenhuma delas é realmente amiga.

— Você seria feliz se encontrasse o relacionamento certo e fizesse alguns amigos?

Sílvia fez que sim com a cabeça.

— Acho que sim. Não há nada que eu precise além disso. Odeio viver com a sensação de que está faltando alguma coisa.

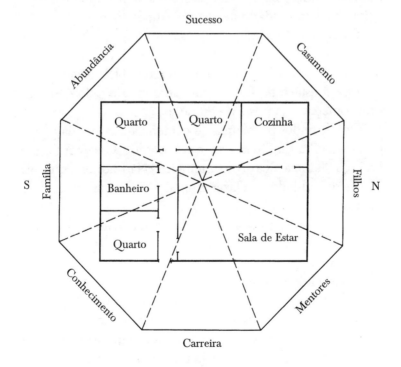

Figura 11B: Planta baixa da casa de Sílvia

A casa de Sílvia era modesta, mas atraente, vista do lado de fora. O gramado era bem-cuidado e canteiros de flores enfeitavam as duas beiradas do caminho em curva que levava à porta de entrada. A casa era de madeira e havia sido pintada recentemente.

Olhando da porta da frente eu podia ver um corredor e a entrada para a sala de estar. Sílvia me conduziu nervosamente e convidou-me a sentar. As paredes da sala de estar eram forradas, o que fazia a peça parecer escura e sombria.

Ela insistiu em oferecer-me uma xícara de chá e, enquanto bebericávamos, ela me falou sobre sua vida e sobre como as coisas haviam mudado desde a morte da mãe.

Eu lhe expliquei alguma coisa sobre feng shui e em seguida pedi-lhe que me mostrasse a casa. Havia três quartos, mas um servia de sala de jantar (Figura 11B, página 131). Essa peça estava no final de um shar criado pelo corredor que começava na porta de entrada.

Dois grandes problemas se evidenciaram imediatamente. A cozinha de Sílvia estava na área do Casamento, e a área da Família ficava no banheiro. Não admira que ela tivesse dificuldades em fazer amigos e encontrar um companheiro.

Sílvia dormia no quarto que ficava na área da Abundância; o outro quarto, na área do Conhecimento, fora o quarto da mãe dela.

Constatado isso, sentamos novamente na sala de estar e eu desenhei a planta baixa da casa sobrepondo-lhe o quadrado mágico três-por-três. Expliquei o que cada área representava e como Sílvia poderia ativá-las, se quisesse. Não me surpreendi quando ela escolheu as áreas do Casamento e da Família.

JUNTANDO AS PARTES **133**

— Temos problemas em ambas — eu disse. — Felizmente, no feng shui, há uma solução para praticamente tudo, e precisaremos fazer alguma coisa para ativar essas áreas. A sua área do Casamento está na cozinha. Essa não é uma boa localização, porque significa que parte de sua sorte vai pelo ralo. Entretanto, é uma peça onde você passa grande parte do tempo, e nós podemos colocar alguma coisa romântica ali para ajudar a ativar um relacionamento. Precisa ser alguma coisa que a faça pensar em amor e romance sempre que olhar para ela. Por exemplo, tenho uma amiga que usava duas velas para simbolizar duas pessoas. Outras pessoas que conheço penduram pôsteres românticos.

Sílvia assentiu com a cabeça.

— Tenho algo que deve servir.

— Ótimo. Precisamos também fazer algumas pequenas mudanças no seu quarto. Notei que você tem uma cama de solteiro.

— É o que sempre tive.

— Tudo bem, mas isso diz simbolicamente que você prefere dormir sozinha. Você deveria substituí-la por uma cama de casal e posicioná-la de modo que ela desse acesso pelos dois lados. Isso ajudará você a atrair um companheiro. Você também precisa ativar a área do Casamento do quarto, que é o espaço em diagonal à direita da porta da entrada. Outra vez, você precisa de alguma coisa que lhe dê a sensação de romantismo. Pode ser uma coisa pequena, não precisa ser grande nem enfeitada.

"Agora, vamos para a área da Família. Como ela está no banheiro, ela entra em conflito com a vontade que você tem de atrair amigos. Felizmente, há uma solução simples. Você pode fazer essa peça desaparecer simbolicamente usando espelhos nas paredes opostas dentro dela e colocando um espelho no lado de fora da porta. Além disso, mantenha a porta sempre fechada.

"Depois disso, você precisa ainda ativar a área da Família num das outras peças. Acho que o melhor lugar para isso é a sala de estar. Esse também é o lugar perfeito para pôr à mostra fotografias de parentes ou de amigos.

"Seria bom também colocar algum objeto metálico nessa área." (Isso porque Sílvia nasceu em 1962 e pertence ao elemento água. O metal ajuda a criar a água.)

Sílvia é uma pessoa K'un e mora numa casa Tui, o que é positivo porque esses dois trigramas pertencem às Quatro Casas do Leste.

A casa, entretanto, apresentava vários problemas. A porta da frente, por exemplo, estava na área dos Seis Shars, indicando possíveis problemas legais, ou até escândalo. O quarto da mãe também se localizava nessa área, e por sorte Sílvia não se mudou para ele.

A área da Prosperidade estava na cozinha. Isso não era necessariamente ruim porque Sílvia passa muito tempo nessa peça, que era bem iluminada. A sala de jantar (anteriormente um quarto) estava localizada no Apogeu. Como Sílvia pertence ao elemento água, esse seria o local perfeito da casa para um aquário. A área da Longevidade abrangia parte da sala de estar. Seria melhor se ela abrangesse a sala de jantar, mas como a sala de estar é o lugar onde normalmente todos os moradores passam algum tempo, ela estava bem localizada.

O quarto de Sílvia não poderia estar num lugar melhor. A área da Saúde é a melhor localização para o quarto principal. Naturalmente, o quarto considerado principal seria o ocupado pela mãe, mas como Sílvia morava sozinha na época, o quarto dela passava a ser o principal.

O banheiro estava perfeitamente localizado na área dos Cinco Fantasmas.

A área do Desastre abrangia parte da sala de estar. Sílvia foi aconselhada a tirar o sofá dessa parte da sala, pois seus convidados poderiam brigar.

Sílvia anotou praticamente tudo o que lhe sugeri e disse que começaria a fazer as mudanças imediatamente. Estimulei-a a fazer as alterações aos poucos, pois assim ela poderia avaliar os efeitos de cada mudança empreendida.

Sílvia me telefonou um mês depois para dizer que, na semana anterior, dois homens a haviam convidado para sair. Como ela não tivera convites assim havia vários anos, ela estava confusa e achava que tinha feito muitas mudanças rápido demais. Tranqüilizei-a, dizendo que esse não era o caso, mas aceitei seu convite para examinar o que ela havia realizado.

Sílvia substituíra a cama de solteiro por uma de casal, e na área do Casamento do seu quarto havia um enfeite feito de corações metálicos magnéticos. Como eles ficavam grudados um no outro, ela podia mudar as posições e criar tantos desenhos diferentes quantos quisesse.

Na cozinha havia um grande pôster que mostrava um coração grande e vermelho. Dentro dele, em letras grandes, estava escrito: "Eu te amo!" Na área do Casamento na sala de estar, ela tinha uma moldura em forma de coração com um desenho retratando dois jovens recém-casados. Foi fácil deduzir que os corações representavam amor e romance para Sílvia.

Ela também instalou quatro grandes espelhos dentro do banheiro e um espelho em forma de coração no lado de fora da porta.

— Você acha que eu exagerei na parte do amor? — ela perguntou.

— De jeito nenhum — eu lhe garanti. — Tenho certeza de que de agora em diante você será muito popular!

De fato, Sílvia encontrou um companheiro adequado em menos de um ano. Ele parece perfeito para ela, pois já entrou na faixa dos quarenta anos e é contador de um banco. Ele também ficou sozinho por dez anos, depois da morte trágica da mulher num acidente de carro. Estou felicíssimo por Sílvia ter conseguido melhorar tanto a vida dela apenas mudando as energias da casa.

Embora essas tenham sido as únicas avaliações que fiz com o objetivo específico de atrair mais felicidade, na verdade o propósito de toda avaliação é dar ao cliente condições de ser uma pessoa mais feliz e satisfeita e de usufruir a abundância em todos os aspectos da vida.

Conclusão

O homem que não sabe viver seus momentos felizes não pode ser considerado afortunado; mas o homem que é feliz mesmo quando passa por dificuldades é o verdadeiro homem refinado.

— Provérbio chinês

Espero que este livro o anime a usar os princípios do feng shui para ser uma pessoa mais feliz e satisfeita em todos os aspectos da vida. Há séculos o feng shui vem ajudando as pessoas a alcançar seus objetivos, sejam eles quais forem.

A felicidade é parte essencial da vida. Há muitos anos, conheci um homem que sofria de depressão. Tudo ia bem na vida dele durante bastante tempo, e então, em geral subitamente, ele caía em depressão. Ele e a família sofriam muito, até que, do mesmo modo misterioso, ele superava a depressão e voltava a viver normalmente. Essa doença arruinou totalmente a vida dele, e também a vida das pessoas que ele amava. Esse exemplo me fez compreender que a felicidade é um dom precioso, e que tudo o que pode aumentar nossa felicidade é imensamente valioso.

Os chineses têm três deuses domésticos, conhecidos como Deuses das Estrelas, Fu'k, Lu'k e Sau, os deuses da felicidade, da abundância e da longevidade. É provável que você já tenha visto em restaurantes chineses estátuas de porcelana desses três veneráveis cavalheiros, abençoando o proprietário, os funcionários e os clientes.

Fu'k é um homem alto, de aparência distinta, que veste trajes da realeza e porta um cetro. Lu'k usa vestes parecidas e segura um menino no colo. (Para os antigos chineses, era de fundamental importância que os filhos e netos continuassem a linhagem familiar. É essa visão que o menino representa.) Sau é o mais fácil de reconhecer, pois é calvo e tem uma longa barba branca; ele leva também um longo bastão e um pêssego.

Essas estátuas simbolizam os desejos dos chineses. Fu'k representa a felicidade e a sorte. Lu'k representa a prosperidade, uma família feliz e uma carreira bem-sucedida. Sau simboliza uma vida longa.

Essas figuras representam uma afirmação silenciosa, retratando tudo que é necessário para uma vida feliz e de sucesso. Usando o feng shui, podemos ativar todas essas bênçãos. Neste livro, concentrei-me na felicidade. Entretanto, espero que ao lê-lo você se sinta estimulado a estudar outros livros sobre o assunto. Relacionei vários livros bons sobre feng shui na seção Bibliografia (ver página 151).

Algumas pessoas se entusiasmam demais e fazem muitas mudanças de uma vez só. É natural querer fazer tudo imediatamente, mas é melhor ativar uma área de cada vez. Procedendo assim, você terá condições de avaliar os resultados que cada mudança acarreta. Você verá que algumas mudanças trazem resultados evidentes por si mesmos, enquanto outras são mais sutis. Vá devagar, decida quais áreas você quer ativar primeiro, implemente uma ou duas alterações e então espere algumas semanas. Fique atento às mudanças que ocorrerem, e então continue com mais uma ou duas alterações. Talvez demore alguns meses para mudar tudo o que você quer, mas agindo assim você terá uma idéia clara de que coisas exatamente produziram determinado resultado.

Espero que você tenha gostado deste livro e faço votos de que ele o estimule a aprofundar seus estudos sobre este fascinante assunto. Desejo-lhe a maior felicidade.

Apêndice

Elementos e Signos para os Nascidos de 1900 a 2000

Elemento	Signo	Ano
Metal	Rato	De 31 de jan. de 1900 a 18 de fev. de 1901
Metal	Boi	De 19 de fev. de 1901 a 7 de fev. de 1902
Água	Tigre	De 8 de fev. de 1902 a 28 de jan. de 1903
Água	Coelho	De 29 de jan. de 1903 a 15 de fev. de 1904
Madeira	Dragão	De 16 de fev. de 1904 a 3 de fev. de 1905
Madeira	Serpente	De 4 de fev. de 1905 a 24 de jan. de 1906
Fogo	Cavalo	De 25 de jan. de 1906 a 12 de fev. de 1907
Fogo	Carneiro	De 13 de fev. de 1907 a 1º de fev. de 1908
Terra	Macaco	De 2 de fev. de 1908 a 21 de jan. de 1909
Terra	Galo	De 22 de jan. de 1909 a 9 de fev. de 1910
Metal	Cachorro	De 10 de fev. de 1910 a 29 de jan. de 1911
Metal	Javali	De 30 de jan. de 1911 a 17 de fev. de 1912
Água	Rato	De 18 de fev. de 1912 a 5 de fev. de 1913
Água	Boi	De 6 de fev. de 1913 a 25 de jan. de 1914
Madeira	Tigre	De 26 de jan. de 1914 a 13 de fev. de 1915
Madeira	Coelho	De 14 de fev. de 1915 a 2 de fev. de 1916
Fogo	Dragão	De 3 de fev. de 1916 a 22 de jan. de 1917
Fogo	Serpente	De 23 de jan. de 1917 a 10 de fev. de 1918
Terra	Cavalo	De 11 de fev. de 1918 a 31 de jan. de 1919
Terra	Carneiro	De 1º de fev. de 1919 a 19 de fev. de 1920
Metal	Macaco	De 20 de fev. de 1920 a 7 de fev. de 1921
Metal	Galo	De 8 de fev. de 1921 a 27 de jan. de 1922
Água	Cachorro	De 28 de jan. de 1922 a 15 de fev. de 1923
Água	Javali	De 16 de fev. de 1923 a 4 de fev. de 1924
Madeira	Rato	De 5 de fev. de 1924 a 24 de jan. de 1925
Madeira	Boi	De 25 de jan. de 1925 a 12 de fev. de 1926
Fogo	Tigre	De 13 de fev. de 1926 a 1º de fev. de 1927

Fogo	Coelho	De 2 de fev. de 1927 a 22 de jan. de 1928
Terra	Dragão	De 23 de jan. de 1928 a 9 de fev. de 1929
Terra	Serpente	De 10 de fev. de 1929 a 29 de jan. de 1930
Metal	Cavalo	De 30 de jan. de 1930 a 16 de fev. de 1931
Metal	Carneiro	De 17 de fev. de 1931 a 5 de fev. de 1932
Água	Macaco	De 6 de fev. de 1932 a 25 de jan. de 1933
Água	Galo	De 26 de jan. de 1933 a 13 de fev. de 1934
Madeira	Cachorro	De 14 de fev. de 1934 a 3 de fev. de 1935
Madeira	Javali	De 4 de fev. de 1935 a 23 de jan. de 1936
Fogo	Rato	De 24 de jan. de 1936 a 10 de fev. de 1937
Fogo	Boi	De 11 de fev. de 1937 a 30 de jan. de 1938
Terra	Tigre	De 31 de jan. de 1938 a 18 de fev. de 1939
Terra	Coelho	De 19 de fev. de 1939 a 7 de fev. de 1940
Metal	Dragão	De 8 de fev. de 1940 a 26 de jan. de 1941
Metal	Serpente	De 27 de jan. de 1941 a 14 de fev. de 1942
Água	Cavalo	De 15 de fev. de 1942 a 4 de fev. de 1943
Água	Carneiro	De 5 de fev. de 1943 a 24 de jan. de 1944
Madeira	Macaco	De 25 de jan. de 1944 a 12 de fev. de 1945
Madeira	Galo	De 13 de fev. de 1945 a 1º de fev. de 1946
Fogo	Cachorro	De 2 de fev. de 1946 a 21 de jan. de 1947
Fogo	Javali	De 22 de jan. de 1947 a 9 de fev. de 1948
Terra	Rato	De 10 de fev. de 1948 a 28 de jan. de 1949
Terra	Boi	De 29 de jan. de 1949 a 16 de fev. de 1950
Metal	Tigre	De 17 de fev. de 1950 a 5 de fev. de 1951
Metal	Coelho	De 6 de fev. de 1951 a 26 de jan. de 1952
Água	Dragão	De 27 de jan. de 1952 a 13 de fev. de 1953
Água	Serpente	De 14 de fev. de 1953 a 2 de fev. de 1954
Madeira	Cavalo	De 3 de fev. de 1954 a 23 de jan. de 1955
Madeira	Carneiro	De 24 de jan. de 1955 a 11 de fev. de 1956
Fogo	Macaco	De 12 de fev. de 1956 a 30 de jan. de 1957
Fogo	Galo	De 31 de jan. de 1957 a 17 de fev. de 1958
Terra	Cachorro	De 18 de fev. de 1958 a 7 de fev. de 1959
Terra	Javali	De 8 de fev. de 1959 a 27 de jan. de 1960
Metal	Rato	De 28 de jan. de 1960 a 14 de fev. de 1961
Metal	Boi	De 15 de fev. de 1961 a 4 de fev. de 1962
Água	Tigre	De 5 de fev. de 1962 a 24 de jan. de 1963
Água	Coelho	De 25 de jan. de 1963 a 12 de fev. de 1964

Madeira	Dragão	De 13 de fev. de 1964 a 1º de fev. de 1965
Madeira	Serpente	De 2 de fev. de 1965 a 20 de jan. de 1966
Fogo	Cavalo	De 21 de jan. de 1966 a 8 de fev. de 1967
Fogo	Carneiro	De 9 de fev. de 1967 a 29 de jan. de 1968
Terra	Macaco	De 30 de jan. de 1968 a 16 de fev. de 1969
Terra	Galo	De 17 de fev. de 1969 a 5 de fev. de 1970
Metal	Cachorro	De 6 de fev. de 1970 a 26 de jan. de 1971
Metal	Javali	De 27 de jan. de 1971 a 15 de jan. de 1972
Água	Rato	De 16 de jan. de 1972 a 2 de fev. de 1973
Água	Boi	De 3 de fev. de 1973 a 22 de jan. de 1974
Madeira	Tigre	De 23 de jan. de 1974 a 10 de fev. de 1975
Madeira	Coelho	De 11 de fev. de 1975 a 30 de jan. de 1976
Fogo	Dragão	De 31 de jan. de 1976 a 17 de fev. de 1977
Fogo	Serpente	De 18 de fev. de 1977 a 6 de fev. de 1978
Terra	Cavalo	De 7 de fev. de 1978 a 27 de jan. de 1979
Terra	Carneiro	De 28 de jan. de 1979 a 15 de fev. de 1980
Metal	Macaco	De 16 de fev. de 1980 a 4 de fev. de 1981
Metal	Galo	De 5 de fev. de 1981 a 24 de jan. de 1982
Água	Cachorro	De 25 de jan. de 1982 a 12 de fev. de 1983
Água	Javali	De 13 de fev. de 1983 a 1º de fev. de 1984
Madeira	Rato	De 2 de fev. de 1984 a 19 de fev. de 1985
Madeira	Boi	De 20 de fev. de 1985 a 8 de fev. de 1986
Fogo	Tigre	De 9 de fev. de 1986 a 28 de jan. de 1987
Fogo	Coelho	De 29 de jan. de 1987 a 16 de fev. de 1988
Terra	Dragão	De 17 de fev. de 1988 a 5 de fev. de 1989
Terra	Serpente	De 6 de fev. de 1989 a 26 de jan. de 1990
Metal	Cavalo	De 27 de jan. de 1990 a 14 de fev. de 1991
Metal	Carneiro	De 15 de fev. de 1991 a 3 de fev. de 1992
Água	Macaco	De 4 de fev. de 1992 a 22 de jan. de 1993
Água	Galo	De 23 de jan. de 1993 a 9 de fev. de 1994
Madeira	Cachorro	De 10 de fev. de 1994 a 30 de jan. de 1995
Madeira	Javali	De 31 de jan. de 1995 a 18 de fev. de 1996
Fogo	Rato	De 19 de fev. de 1996 a 6 de fev. de 1997
Fogo	Boi	De 7 de fev. de 1997 a 27 de jan. de 1998
Terra	Tigre	De 28 de jan. de 1998 a 15 de fev. de 1999
Terra	Coelho	De 16 de fev. de 1999 a 4 de fev. de 2000
Metal	Dragão	De 5 de fev. de 2000

Notas

Introdução

1. Joseph Spence, *Anecdotes* (Londres, 1756).
2. Lin Yutang, *The Importance of Living* (Londres: William Heinemann Limited, 1937), p. 133.
3. Lin Yutang, *The Importance of Living*, pp. 140-41.

Capítulo 1

1. Benjamin Disraeli, *Contarini Fleming* (Londres, 1832).
2. Confucius, citado em *The Spirit of the Chinese Character*, de Barbara Aria com Russell Eng Gon (San Francisco: Chronicle Books, 1992), p. 72.
3. Para mais informações sobre a história e o desenvolvimento do quadrado mágico, consultar *Numerology Magic*, de Richard Webster (St. Paul: Llewellyn Publications, 1995).

Capítulo 4

1. Lillian Too, *Feng Shui* (Malásia: Konsep Lagenda Sdn Bhd., 1993), p. 33.
2. Frena Bloomfield, *The Book of Chinese Beliefs* (Londres: Arrow Books Limited, 1983), p. 23.
3. Richard Webster, *Feng Shui for Beginners* (St. Paul: Llewellyn Publications, 1997), p. 8.
4. Ong Hean-Tatt, *Secrets of Ancient Chinese Art of Motivation* (Malásia: Pelanduk Publications (M) Sdn Bhd., 1994), p. 51.

Capítulo 7

1. Joseph Campbell citado em *Altars Made Easy*, de Peg Streep (Nova York: HarperSanFrancisco, 1997), p. 1.

NOTAS **145**

2. Richard Webster, *Omens, Oghams and Oracles* (St. Paul: Llewellyn Publications, 1995), pp. 39-41.
3. Richard Webster, *Spirit Guides and Angels Guardians* (St. Paul: Llewellyn Publications, 1998), pp. 123-29.

Capítulo 8

1. Richard Webster, *Feng Shui for Beginners*, xxiv.
2. J. Dyer Ball, *Things Chinese* (Cingapura: Graham Brasch (Pte) Limited, 1989. Originariamente publicado em 1903), p. 245.
3. Richard Webster, *Feng Shui in the Garden* (St. Paul, MN: Llewellyn Publications, 1999). [*Feng Shui para o Jardim*, publicado pela Editora Pensamento, São Paulo, 1999.]
4. Ong Hean-Tatt, *Chinese Animal Symbolisms* (Malásia: Pelanduk Publications (M) Sdn. Bhd., 1993), p. 246.
5. Karen Kingston, *Creating Sacred Space with Feng Shui* (Nova York, NY: Broadway Books, 1997), p. 125.

Capítulo 9

1. Nem todos acreditam que Lao-Tsé tenha existido realmente. O nome Lao-Tsé significa "filósofo venerável", e o *Tao Te Ching* pode muito bem ter sido uma compilação de escritos de diferentes pessoas. Em seu livro *Religions of China* (San Francisco: Harper and Row, 1986), Daniel L. Overmyer diz que o autor do *Tao Te Ching* é desconhecido (p. 121).
2. Walter T. Stace, *The Teaching of the Mystics* (Nova York, NY: New American Library, 1960), p. 102.
3. Chinghua Tang, *A Treasury of China's Wisdom* (Beijing: Foreign Languages Press, 1996), p. 387.
4. Encyclopaedia Britannica (Chicago, IL: Encyclopaedia Britannica, Inc., 15ª edição, 1983) Volume 10, p. 680.
5. Barbara Aria com Russell Eng Gon, *The Spirit of the Chinese Character*, p. 19.
6. Encyclopaedia Britannica, Volume 10, p. 681.
7. Lin Yutang, *The Wisdom of China* (Londres: Michael Joseph Limited, 1944), p. 242.
8. J. Dyer Ball, *Things Chinese* (Cingapura: Graham Brasch (Pte) Limited, 1989. Originariamente publicado em 1903), p. 157.

Glossário

Afirmações Silenciosas — Uma afirmação é uma frase curta repetida muitas vezes para instilar pensamentos positivos na mente. Um exemplo famoso de Emil Coué é o seguinte: "Todos os dias, de todas as formas, estou cada vez melhor." No Oriente, as pessoas usam objetos que as fazem lembrar imediatamente de pensamentos positivos ou de afirmações positivas. Um peixe dourado, por exemplo, faz os asiáticos pensarem em progresso futuro e prosperidade. Um cofrinho de metal com algumas moedas, colocado na área da Prosperidade de uma escrivaninha, leva a pessoa a pensar em dinheiro sempre que ela vê esse cofrinho.

Ba-guá — O ba-guá é uma forma octogonal com um espelho ou com o símbolo do yin e do yang no centro. Ao redor dele, estão dispostos os oito trigramas do I Ching.

Nas casas chinesas, os ba-guás são geralmente pendurados acima da porta como símbolos de proteção ou como talismãs de sorte. Eles também são usados para rebater os shars que incidem sobre a porta da frente da casa.

Ch'i — A força vital do universo, encontrada em todas as coisas. Essa energia se cria e se dissipa continuamente. Todas as coisas belas da natureza criam ch'i. Toda tarefa realizada com perfeição também cria ch'i.

Ciclo da Criação — Neste ciclo, cada elemento ajuda a criar e sustentar o elemento que vem depois dele. Assim, a madeira queima para criar o fogo; o fogo produz a terra; a terra produz o metal; o metal se liquefaz, o que simbolicamente produz a água; a água nutre e cria a madeira.

Ciclo da Destruição — Os cinco elementos da astrologia chinesa podem ser dispostos de várias maneiras. No Ciclo da Destruição, cada

GLOSSÁRIO   **147**

elemento impõe-se sobre o elemento que vem depois dele no ciclo e o domina. Neste ciclo, o fogo derrete o metal; o metal destrói a madeira; a madeira se nutre da terra; a terra represa e obstrui a água e a água apaga o fogo.

Cinco Elementos – Os cinco elementos da astrologia chinesa são muito usados no feng shui. Os elementos são: madeira, fogo, terra, metal e água. Cada elemento tem um tipo diferente de energia, e as diferentes combinações deles desempenham um papel importante no feng shui. Os diferentes elementos podem se harmonizar entre si (como no Ciclo da Criação) ou podem opor-se um ao outro (como no Ciclo da Destruição).

Confúcio (551 – 479 a.c.) – Desenvolveu um conceito de moral e de ordem social que simbolizava um mundo perfeito, onde tudo estaria no lugar certo. Esse conceito também representa a retidão, as boas maneiras, a beleza e a própria fé.

O confucionismo é uma filosofia que inclui a ética pessoal, a empatia e uma profunda compaixão pelo próximo. Ele propunha o Meio de Ouro, que significava seguir um caminho intermediário e evitar os extremos, os excessos ou a condescendência excessiva. Confúcio acreditava que o treinamento poderia tornar as pessoas honestas e compassivas, quando então o mundo seria um lugar muito mais feliz e harmonioso.

Escola da Bússola – Há duas escolas principais de feng shui, a Escola da Forma e a Escola da Bússola. A Escola da Bússola usa o ba-guá, os oito trigramas e a astrologia chinesa para avaliar o feng shui de um espaço. Nos últimos cem anos, a maioria dos praticantes de feng shui vem usando uma combinação das duas escolas para fazer suas avaliações.

Escola da Forma – A versão original do feng shui, anterior à bússola. Um praticante de feng shui da Escola da Forma baseia suas observações na geografia do lugar e no contorno da paisagem.

Feng Shui – Significa "vento e água". Feng shui é a arte de viver em harmonia com a terra. Se vivermos em harmonia com a terra, podemos ter uma vida repleta de felicidade, alegria e abundância.

148 FENG SHUI

A história do feng shui remonta a mais de cinco mil anos. Até recentemente, ele era praticado apenas no Oriente, mas atualmente vem se difundindo pelo mundo todo e aumentando cada vez mais sua popularidade.

Lao-Tsé – Viveu por volta de 570 a.C. e é considerado o pai do taoísmo. O princípio fundamental de sua filosofia reza que devemos deixar que os acontecimentos sigam seu próprio curso porque, no final, tudo acaba acontecendo sem que precisemos fazer nenhum esforço. Suas idéias compõem o *Tao Te Ching*.

Quadrado Mágico – O quadrado mágico consiste numa série de números dispostos numa grade em que todas as linhas horizontais, verticais e diagonais perfazem o mesmo total, quando somadas. Os quadrados mágicos são populares na China há muitos séculos. O quadrado mágico encontrado nos sinais do casco de uma tartaruga por Fu Hsi é a base do feng shui, do I Ching, da astrologia e da numerologia chineses.

Quatro Casas do Leste – As Quatro Casas do Leste, Li, K'an, Chen e Sun, derivam das oito direções indicadas pelo ba-guá octogonal. Elas podem ser esquematizadas desse modo:

Casa	Porta de trás voltada para	Elemento
Li	sul	fogo
K'an	norte	água
Chen	leste	madeira
Sun	sudeste	madeira

Quatro Casas do Oeste – As Quatro Casas do Oeste são Chien, K'un, Ken e Tui. Elas representam quatro das oito direções indicadas pelo ba-guá octogonal. Elas podem ser esquematizadas do seguinte modo:

Casa	Porta de trás voltada para	Elemento
Chien	noroeste	metal
K'un	sudoeste	terra
Ken	nordeste	terra
Tui	oeste	metal

GLOSSÁRIO 149

Shars — Os shars são muito conhecidos como "setas envenenadas". Eles são linhas de energia negativa que podem trazer má sorte ou infortúnios. Os shars são criados de duas maneiras. Qualquer linha reta que aponte diretamente ou uma rua reta que dê diretamente para a porta principal da casa, formando uma junção em T, pode ser considerada um shar. Os ângulos, como os formados por duas paredes de uma casa, criam setas que afetam adversamente tudo o que está no caminho delas.

Soluções — Às vezes conhecidas como "curas" ou "remédios", as soluções são tudo o que elimina ou bloqueia os efeitos maléficos dos shars. As soluções também são usadas para corrigir desequilíbrios dos cinco elementos, em qualquer circunstância. Um muro construído para bloquear um shar é um exemplo de solução.

Trigramas — Os oito trigramas compreendem todas as combinações possíveis de linhas inteiras (yang, masculinas) e de linhas partidas (yin, femininas) que podem ser formadas com três linhas. Os hexagramas do I Ching são constituídos de dois trigramas, um em cima do outro.

Yin e Yang — Representam opostos na filosofia taoísta. Essas energias nunca foram definidas, mas foram criadas listas de pares de opostos para representá-las. Por exemplo, o preto é yin e o branco é yang; a noite é yin e o dia é yang. Outros exemplos são: feminino e masculino, alto e baixo, frente e fundos, frio e quente. Originariamente, o conceito surgiu da observação dos dois lados de uma montanha. O lado setentrional, sombrio, foi chamado de yin; as elevações meridionais, ensolaradas, receberam o nome yang. Essa visão dualista do universo desempenha um papel importante no feng shui.

Bibliografia

Heann-Tatt, Ong. *The Chinese Pakua*. Malásia: Pelanduk Publications, 1991.

Kehoe, John. *A Vision of Power and Glory*. Vancouver, BC: Zoetic Inc., 1994.

de Kermadec, Jean-Michel Huon. *The Way to Chinese Astrology: The Four Pillar of Destiny*. Traduzido por N. Derek Poulsen. Londres: Unwin Paperbacks, 1983.

Kingston, Karen. *Creating Sacred Space with Feng Shui*. Londres: Judy Piatkus (Publishers) Limited, 1996.

Linn, Denise. *Sacred Space*. Nova York, NY: Ballantine Books, 1996.

Marfori, Mark D. *Feng Shui: Discover Money, Health and Love*. Santa Monica, CA: Dragon Publishing, 1993.

Simons, T. Raphael. *Feng Shui Step by Step*. Nova York, NY: Crown Trade Paperbacks, 1996.

Streep, Peg. *Altars Made Easy*. Nova York, NY: HarperSanFrancisco, 1997.

Too, Lillian. *Feng Shui*. Malásia: Konsep Lagenda Sdn Bhd., 1993.

Tsuei, Wei. *Roots of Chinese Culture and Medicine*. Malásia: Pelanduk Publications, 1992.

Webster, Richard. *Feng Shui for Beginners*. St. Paul, MN: Llewellyn Publications, 1997.

_____. *101 Feng Shui Tips for the Home*. St. Paul, MN: Llewellyn Publications, 1998. [*101 Dicas do Feng Shui para o seu Lar*, publicado pela Editora Pensamento, São Paulo, 1999.]

_____. *Feng Shui for Apartment Living.* St. Paul, MN: Llewellyn Publications, 1998. [*Feng Shui para Quem Mora em Apartamento*, publicado pela Editora Pensamento, São Paulo, 1999.]

_____. *Feng Shui for Love and Romance.* St. Paul, MN: Llewellyn Publications, 1998. [*Feng Shui para o Amor e o Romance*, publicado pela Editora Pensamento, São Paulo, 1999.]

_____. *Feng Shui for the Workplace.* St. Paul, MN: Llewellyn Publications, 1998. [*Feng Shui para o Local de Trabalho*, publicado pela Editora Pensamento, São Paulo, 1999.]

_____. *Feng Shui in the Garden.* St. Paul, MN: Llewellyn Publications, 1998. [*Feng Shui para o Jardim*, publicado pela Editora Pensamento, São Paulo, 1999.]

Wong, Eva. *Feng Shui: The Ancient Wisdom of Harmonious Living for Modern Times.* Boston: Shambhala Publications, Inc., 1996.

Wydra, Nancilee. *Designing Your Happiness.* Torrance, CA: Heian International Inc., 1995.

Sobre o Autor

Richard Webster nasceu na Nova Zelândia em 1946 e reside no seu país de origem até hoje. Ele viaja pelo mundo inteiro todos os anos, fazendo seminários e dando cursos sobre temas psíquicos. Richard já escreveu muitos livros, a maioria sobre temas psíquicos, e também escreve para colunas mensais em várias revistas.

Richard é casado e tem três filhos. Sua família sempre o apoiou em seu trabalho, embora o filho mais velho, depois de acompanhar de perto a carreira do pai, tenha decidido estudar contabilidade.

Para Escrever para o Autor

Se você quiser entrar em contato com Richard Webster ou gostaria de obter informações mais detalhadas sobre este livro, por favor mande sua carta aos cuidados da editora Llewellyn Worldwide e nós a encaminharemos ao autor. Tanto Richard Webster quanto o editor gostariam de ouvir o que você tem a dizer. A Llewellyn Worldwide não pode garantir que todas as cartas dirigidas ao autor serão respondidas, mas todas certamente serão enviadas. Por favor, escreva para:

Richard Webster
c/o Llewellyn Worldwide
P.O. Box 64383, Dept. K815-2C
St. Paul, MN 55164-0383, U.S.A.

Favor acrescentar um envelope selado e endereçado para resposta ou um dólar para cobrir as despesas. Caso você não more nos Estados Unidos, envie um cupom postal internacional para resposta.